国家自然科学基金资助项目（批准号：71903118）
中国博士后科学基金资助项目（编号：2018M640952）
陕西师范大学一流学科建设经费资助出版

基于价值理论的生态产品购买制度研究

姚柳杨 著

西北农林科技大学出版社

图书在版编目（CIP）数据

基于价值理论的生态产品购买制度研究 / 姚柳杨著 —杨凌：西北农林科技大学出版社，2020.9

ISBN 978-7-5683-0874-8

Ⅰ.①基… Ⅱ.①姚… Ⅲ.①生态经济—研究—中国
Ⅳ.①F124.5

中国版本图书馆CIP数据核字（2020）第187756号

基于价值理论的生态产品购买制度研究

姚柳杨 著

出版发行	西北农林科技大学出版社
地　　址	陕西杨凌杨武路3号　　**邮　编：** 712100
电　　话	总编室：029-87093195　**发行部：** 029-87093302
电子邮箱	press0809@163.com
印　　刷	西安日报社印务中心
版　　次	2020年9月第1版
印　　次	2020年9月第1次印刷
开　　本	787 mm × 1092 mm　1/16
印　　张	12
字　　数	208 千字

ISBN 978-7-5683-0874-8

定价：48.00 元

摘　要

随着文明的演进、社会的发展、科技的进步，人类对大自然的索取已经远远超过生态环境的承载和修复能力。与此同时，伴随着我国特色社会主义进入新时代，党的十九大报告明确指出："既要创造更多物质财富和精神财富以满足人民日益增长的美好生活需要，也要提供更多优质生态产品以满足人民日益增长的优美生态环境需要。"良好的生态产品成为解决现阶段人民日益增长的美好生活需要和不平衡不充分发展之间的矛盾的方式，生态产品已经成为我国绿色发展、生态优先实践的主要抓手。然而，目前关于生态产品的研究仍处于起步阶段，在国际上也没有可以完全照搬的经验和做法及生态产品的供求。因此，通过有效的购买制度的设计和安排，通过生态产品购买行为实现生态产品的价值，激励生态产品供给的积极性，形成生态系统中自然生产与人类生产互动的良性循环是一项具备现实意义的研究课题。

本研究以"价值理论"为中心，进行生态产品购买制度的设计。生态产品的概念是在我国生态文明建设过程中逐渐形成的，对其产生的理论基础、历史演变和内涵阐释构成了本研究第一个层面上的研究内容；生态产品购买的基础是公众偏好，愿意以生活成本的增加换取良好的生态产品，因此对生态产品的价值评估构成了本研究第二个层次的研究内容；购买制度是生态产品价值实现的基础，依据"购买主体—制度构建—保障措施"的逻辑展开分析，构成了本文第二个层次的研究内容。生态产品购买制度需要根据不同生态产品的特征建立，本研究坚持具体情况具体分析，对不同类型的生态产品进行了分类分析，具体内容如下。

一是本书构建了生态产品购买制度研究的理论基础并提出了研究框架。基于生态系统服务理论、价值与价值评估理论，本书构建了分析生态产品购买制度的价值标准。基于生态产品概念的演变、公共物品理论，本书认为生态产品是生态系统通过生物生产与人类生产共同作用为人类福祉提供的最终产品或服务，是与农产品和工业产品并列的、满足人类美好生活需求的生活必需品，并基于竞争性和排他性标准将生态产品划分为纯公共生态产品、公共池塘生态产品、俱乐部生态产品以及私人生态产品。对现有生态产品购买制度的价值标准、方式与监管等方面进行了探讨，为本书生态产品购买制度的研究提供了经验支持。本书对生态产品进行了分类的购买制度研究。

二是对纯公共生态产品购买制度的研究。本书首先从理论视角阐述了纯公共生态产品的特征，并分析其价值构成与价值实现困境。实证部分选取空气质量改善作为研究对象，对比使用了选择实验和支付卡式条件价值评估方法评估西安市居民对于空气质量改善的支付意愿，发现公众对优良空气质量存在较高的支付意愿，为生态产品购买制度的建立提供了价值基础与价值标准。在此基础上构建以政府购买为主导，结合配额交易和社会公众共同购买等方式进行了纯公共生态产品购买制度的设计，并提出政策建议。

三是对公共池塘生态产品的购买制度研究。本书首先从理论视角阐述了公共池塘生态产品的特征，并分析其生态价值实现的困境。实证部分选取页岩气开发过程中的水资源安全作为价值评估对象，使用双边界二分式条件价值评估方法收集了涪陵页岩气田地区居民对页岩气开发过程中的水资源安全的需求，发现公众对水资源安全具有较高的支付意愿。在此基础上，提出以政府主导的多元主体多维度公共池塘生态产品购买制度。

四是对俱乐部生态产品购买制度的研究。本书首先从理论视角阐述了俱乐部生态产品的定义和特征，分析了俱乐部生态产品价值实现可能的方式和建立生态产品购买制度的意义。实证部分以社区生态旅游为研究对象，以青海省三江源地区的囊谦县毛庄乡的社区生态旅游产品为例，使用旅行费用评估方法评估生态旅游产生的消费者剩余。分析发现俱乐部生态产品产生了较高的社会福利，为了维护俱乐部生态产品和提升其价值，本书提出了政府、社区、NGO、社会企业、公众共同参与，提供教育、创业、市场发展机会等多维度的生态产品购买制度。

五是对私人物品中生态产品购买制度的研究。本书首先从理论视角阐述了私人生态产品的特征，分析了私人生态产品中的生态溢价难以实现的原因。在实证方面，以有生态标签的土鸡蛋销售为例进行了市场溢价分析，使用选择实验与异质性偏好的离散选择模型为私人生态产品实现生态溢价提供了理论支持与经验数据。基于此，本书进一步提出通过区块链、溯源系统和生态认证的方式，维护消费者对生态产品的信任，达到推动购买，实现生态溢价的目标。

最后，结论与展望。本章对前文分析的四种类型的生态产品购买研究进行回顾和总结。分类有针对性的价值评估，为建立“反映市场供求和资源稀缺程度、体现生态价值和代际补偿的资源有偿使用制度”提供理论支持。总的来讲，宏观政策上，从政府购买、配额交易、生态标签三个方面构建生态产品购买制度。微观层面上，一是通过借鉴NGO项目实践的经验和模式，将原先单一的经济补偿转变为以教育、发展机会、基础建设、新农村建设等手段开展“生态购买”项目实践，促进社会和谐稳定；二是结合技术手段和市场监管，加强消费者对生态产品信任机制的构建，促进生态产品的私人购买行为。

生态产品的价值是购买行为产生的基础，生态产品的购买是其价值实现的途径。良好的生态产品是整个社会共享的福利，本书在生态产品价值评估与购买制度设计上进行了初步研究的尝试，为生态产品价值实现和生态文明建设提供了一定的思路。

关键词：生态产品；购买制度；价值理论；陈述偏好；社会福利

目　录

contents

一、导论

1.1 研究背景……001

1.1.1 现实背景……001

1.1.2 理论背景……003

1.2 研究目的和意义……005

1.2.1 研究目的……005

1.2.2 研究意义……006

1.3 研究内容……007

1.4 研究思路和方法……008

1.4.1 研究思路……008

1.4.2 研究方法……009

1.5 技术路线……010

1.6 可能的创新之处……011

二、理论基础

2.1 生态系统服务理论……013

2.1.1 生态系统服务的概念……013

2.1.2 生态系统服务在政策制定中的作用……015

2.1.3 生态系统服务的类别……018

2.2 生态产品的概念与特征……022

2.2.1 生态产品概念的演变……023

2.2.2 生态产品的特点……029

2.2.3 生态产品的分类……030

2.3 价值与价值评估理论……033

2.3.1 价值构成......033
2.3.2 价值评估方法......035
2.4 生态产品的购买制度......040
2.4.1 生态产品购买的价值标准......040
2.4.2 生态产品购买的方式......041
2.4.3 生态产品购买的监管政策......042
2.5 研究框架......043

三、纯公共生态产品的购买制度

3.1 纯公共生态产品的价值......046
3.1.1 纯公共生态产品的特点......046
3.1.2 纯公共生态产品的价值构成......047
3.1.3 纯公共生态产品的价值实现方式......048
3.1.4 纯公共生态产品的价值实现困境......050
3.2 空气质量改善的价值评估......051
3.2.1 背景介绍......051
3.2.2 实证设计......054
3.2.3 计量模型......058
3.2.4 实证结果......061
3.2.5 价值评估结果......066
3.3 纯公共生态产品购买制度的构建......069
3.3.1 纯公共生态产品购买制度的构建方式......069
3.3.2 纯公共生态产品购买制度的应用......070
3.3.3 纯公共生态产品购买的保障......074
3.4 本章小结......075

四、公共池塘生态产品购买制度研究

4.1 公共池塘生态产品价值......077

4.1.1 公共池塘生态产品的特点......077
4.1.2 公共池塘生态产品价值实现的方式......079
4.1.3 公共池塘生态产品价值实现的困境......080
4.2 水资源安全的价值评估......080
4.2.1 背景介绍......080
4.2.2 实证设计......083
4.2.3 计量模型......086
4.2.4 实证结果......087
4.2.5 价值评估结果......090
4.3 公共池塘生态产品购买制度的构建......091
4.3.1 公共池塘生态产品购买制度的现状......091
4.3.2 公共池塘生态产品购买制度的构建方式......092
4.3.3 公共池塘生态产品购买制度的应用......094
4.3.4 公共池塘生态产品购买制度的保障......096
4.4 本章小结......097

五、俱乐部生态产品的购买制度

5.1 俱乐部生态产品的价值......099
5.1.1 俱乐部生态产品的特点......099
5.1.2 俱乐部生态产品价值实现的方式......100
5.1.3 俱乐部生态产品购买制度建立的意义......101
5.2 生态旅游的价值评估......102
5.2.1 背景介绍......102
5.2.2 实证设计......104
5.2.3 计量模型......106
5.2.4 实证结果......107
5.2.5 价值评估结果......111
5.3 俱乐部生态产品购买制度的构建......112
5.3.1 俱乐部生态产品购买制度的现状......112

5.3.2 俱乐部生态产品购买制度的构建方式............115
5.3.3 俱乐部生态产品购买制度的实现............119
5.3.4 俱乐部生态产品购买制度的保障............122
5.4 本章小结............125

六、私人生态产品购买制度研究

6.1 私人生态产品的价值............127
6.1.1 私人生态产品的特点............127
6.1.2 私人生态产品的价值构成............127
6.1.3 私人生态产品价值实现的方式............129
6.1.4 私人生态标签产品价值实现的困境............130
6.2 生态标签产品的价值评估............131
6.2.1 背景介绍............131
6.2.2 实证设计............132
6.2.3 计量模型............136
6.2.4 实证结果............138
6.2.5 价值评估结果............141
6.3 私人生态产品购买制度的构建............142
6.3.1 私人生态产品购买制度的现状............142
6.3.2 私人生态产品购买制度的构建方式............144
6.3.3 私人生态产品市场购买制度的应用............146
6.3.4 私人生态产品购买制度的保障............149
6.4 本章小结............150

七、结论与展望

7.1 研究结论............153
7.2 研究展望............155

参考文献............157

一、导论

1.1 研究背景

1.1.1 现实背景

（1）优质的生态产品成为生态文明建设关注的焦点

我国的经济发展正在经历着从传统的粗放方式向“生态优先、绿色先行”方式转变的过程。当前，我国对于生态文明和绿色发展的重视已然上升到前所未有的高度，党中央不仅将生态文明建设作为统筹推进“五位一体”总体布局和协调推进“四个全面”战略布局的重要内容，而且将“坚持人与自然和谐共生”作为新时代坚持和发展中国特色社会主义的基本方略之一。在这一历史进程中，习近平总书记指出，“良好生态环境是最公平的公共产品，是最普惠的民生福祉”；党的十九大报告指出，“要提供更多优质生态产品以满足人民日益增长的优美生态环境需要”。由此可见，新时代我国生态文明建设全面提速，其中，提供更多优质生态产品，不断满足人民群众日益增长的优美生态环境需要，是生态文明建设的方向和重点。为满足人们对优质生态产品的需求，本书对生态产品购买制度的研究一方面有助于将存在外部性的生态效应内部化，推动区域社会经济全面协调可持续发展；同时也有利于降低生态产品交易的各类成本，推进我国经济的绿色发展、循环发展和低碳发展。

因此，本书的现实背景之一是伴随着我国生态文明建设的不断推进，通过对生态产品购买制度的研究，建立健全以价值理论为基础的生态产品购买制度体系，增加优质生态产品的供给以满足人们对良好生态环境的需求，为我国生态环境领域治理体系和治理能力的提升提供政策建议。

（2）“绿水青山”就是“金山银山”的理念已成为共识

人类几千年的农耕历史中，农民看天吃饭，人类依赖大自然的馈赠才能生存，此时人类与自然和谐相处，人类自身的发展从未超越大自然的承载能力。当历史敲响工业时代钟声之后，人类逐渐拥有了与自然抗争甚至驾驭自然的科技和能力。人类片面地追求物质文明导致几千年以来人与自然的平衡关系被破坏，生态环境受到了严重的污染。二十世纪九十年代以来，我国的经济发展也经历了“先污染后治理”的模式，导致自然资源过度开发，污染排放严重超出了自然降解能力，生态系统遭到极大破坏。环境的污染并不是可以快速衰减的，生态系统自我修复也需要漫长的时间，超越生态承载力的经济发展必然不可持续。根据我国环境保护总局2003年发布的《生态功能区划技术暂行规程》中生态脆弱区空间分布范围，我国范围内存在的生态脆弱区有18个，总面积占到全国陆域面积的四分之一，达到了240万平方公里。可见我国的生态系统承载能力已经达到极限，人们也意识到物质需求与生产力已经不是社会发展的主要矛盾，物质生活的富足也不是人们最主要的追求。人们对良好生态产品的渴望，对发展更充分更平衡的美好生活的向往成为最主要的诉求。随着“绿水青山”就是“金山银山”理念的普及，生态环境问题成了最迫切的民生问题之一。越来越多的地区也开始思考如何正确处理经济发展和生态环境保护之间的关系，而“两山”理论从价值角度为正确处理这一关系提供了新的思路。遵循“绿水青山就是金山银山”的理念，我国在蓝天、碧水、净土三大生态治理方向上取得了突破性进展，越来越多的生态产业项目获得了政府的培育资金支持。在这一过程中，生态建设逐渐融入了人们的生产、生活、经济、文化等各方面，更好地促进了经济社会的协调可持续发展。绿水青山、金山银山分别体现自然资源的生态属性和经济属性，是推动社会全面发展的两个重要因素。

因此，本书的现实背景之二是我国面临的生态环境退化问题严重制约着社会与经济的可持续发展，我国政府开始重新审视经济发展与生态保护之间的关系，通过对生态产品购买制度的研究能够推进美好生态产品的价值实现，将生态环境的外部性进行内部化，实现社会经济的高质量发展。

（3）中央和地方层面对生态产品价值实现路径的探索

生态产品购买制度是其进行价值实现的基础，只有通过买卖双方的交易才能达到消费者剩余在生态产品生产者与购买者之间的平衡分配，才能保障良好生态产品的可持续供给。如何保障生态产品价值的顺利实现是中央和地方层面在进行生态文明建设时所关心的问题，如果仅仅从技术层面对生态环境进行改造来增强生态产品的供给不能从根本上解决问题，因为各级政府财政预算的约束和经济发展的需求将会导致生态建设的不可持续。由于生态产品存在的外部性问题，即使公众存在对良好生态产品的需求，也将会由于搭便车的心理而导致生态产品供给的市场失灵问题。因此，为实现生态产品的价值，中央和地方层面上开展了有利于推进生态产品供给和需求的诸多有益工作。在生态建设项目方面包括了从1978年开始进行的三北防护林建设项目、1999年开始的退耕还林还草项目、2011年开始的草原生态补奖政策、农业面源污染治理项目、农村生活垃圾处理等；在制度保障建设方面，包括了草原确权、水权交易、环境产业特许经营等手段。在这个过程中，我国生态环境质量得到了持续改善，气、水、土壤的污染程度有效遏制，环境监察监管力度明显加大，生态产品的供给能力明显提升。

因此，本书研究的现实背景之三是生态产品的持续供给需要长效的生态产品供给机制的保障，通过对生态产品购买制度的研究能够实现买卖双方之间的利益平衡，能够推动经济与生态的同步可持续发展。

1.1.2 理论背景

（1）生态产品的价值核算体系尚未形成

将生态产品的价值纳入核算体系是加强生态文明建设的重要内容。从理论上而言，只有生态产品作为一种资产，与生态有关的要素像市场上其他要素一样参与市场竞争，才能保障生态产品供给，实现经济与生态同步发展。长期以来，生态产品的供给没有得到足够的回报，生态产品的价值未能得到足够的重视，与生态有关的要素没有在市场上得到有效的配置。这在一定程度上造成了绿水青山向金山银山转化的困难，造成了生态环境的退化。“绿水青山就是金山银山”的发展理念凸显了将环境效益纳入发展决策的重要性，但目前尚未形成生态产品价值的科学评价体系。在国际上，联合国统计司设计了环境和经济核算系统，欧盟制定了生态系统及其服务制图和评估。国内的一些学者通过对特定地点的分析，评价了我国三江源地区、森林生态系统、内陆河流域的生态系统服务的价值，并期望将这些价值纳入当地国民经济核算体系。但是，国内与国际上相比，在生态价值核算体系和核算方法上还存在一定的差距。特别是在我国生态文明建设的新形势下，需要在理论上设计以生态产品为对象的生态产品价值评估体系，并将生态产品的价值纳入区域国民经济核算。

因此，本书的理论背景之一是生态文明建设背景下，对生态产品的价值核算成为经济与生态同步实现可持续发展的重要基础，本文通过对生态产品购买制度的研究为生态产品的价值核算提供了基础的数据支持，对公众偏好的分析也为我国的生态文明建设提供了实践上的保障。

（2）生态产品的分类施策理念尚未得到重视

生态产品根据其具有的竞争性和排他性特点，可以分为不同的类型。例如空气质量的改善，既能够容纳足够多的人享用良好的空气，又不能排除其他人从中受益，属于典型的公共生态产品；而特色养殖业、地理标志农产品、有机食品、生态修复工程等，这些良好生态产品的供给与需求具有相对成熟的市场基础。因而，生态产品购买制度的建立需要根据不同生态产品的特征，坚持具体情况具体分析，进行分类施策，然而理论界对于生态产品分类的研究及其分类治理的研究尚未引起足够的重视。以往我国一些地方政府在落实生态环境保护政策中缺乏对标准的把握，在工作中采取了环境保护“一刀切”的做法，造成了不良的社会影响。在生态产品购买制度的设计中，应提前防范“一刀切”的做法，从理论上把握生态产品的不同表现形式，对不同类型的生态产品进行针对性的政策设计。此外，我国各地在实践过程中开展的大气污染防控、森林生态银行、水林田湖草综合治理、生态修复等生态产品价值实现探索也缺乏理论上的总结。

因此，本书的理论背景之二是生态产品的分类施策在理论上尚未得到足够的重视，本书通过对生态产品购买制度的研究能够形成可操作性的生态产品购买制度，避免在政策实践中的“一刀切”做法。

（3）公共资源治理理论的发展为生态产品购买提供了理论基础

在传统的理论中，由于外部性导致的市场失灵问题，政府是管理公共资源的主体。然而，随着社会经济的发展，由政府包揽公共资源治理的弊端越来越明显，例如由于市场信息不足、利益集团的存在，导致公共资源治理效率较低和成本较高的问题。随着资源环境经济学理论的发展，科斯定理告诉人们，只要公共资源存在生产的可分割性，就能够通过一定的制度设计来实现公共资源的市场交易，解决公共资源消费的外部性，形成对公共资源的最优配置。随后，以奥斯特罗姆为代表的制度分析学派提出了“多中心”的理论，强调通过政府、市场和社会中存在的社会自治团体共同实现对公共资源的治理。奥斯特罗姆经过大量的案例研究，认为在没有进行集权化的政府管理和私有化市场配置的公共资源管理中，一些社区通过自筹资金与自主合约的形式，在长时期内实现了对公共资源的有效管理。在多中心治理理论的指导下，生态产品购买制度的建立也应当不是一元的而是多元的，通过不同主体的相互协作共同满足公众对良好生态产品的诉求。

因此，本书的理论背景之三是公共资源治理理论的发展为生态产品购买制度的建立提供了理论基础。生态产品购买制度的实现需要政府、市场、社会共同参与的“多元共治”模式，通过对生态产品购买制度的研究以公众对良好生态产品的偏好为基础，从供给主体、购买主体、购买机制和制度安排等方面有针对性地对不同类型的生态产品进行多元生态产品购买制度的设计，是对公共资源治理理论的继承和发展。

1.2 研究目的和意义

1.2.1 研究目的

本书的总体目的包括以下三个方面。

一是探讨生态产品购买机制实现的价值理论基础，推进新时代中国特色社会主义生态文明建设。具体而言，包括系统地梳理生态产品概念相关的理论基础，例如生态系统服务的理论、价值评估的理论；对生态产品概念的发展和现状进行回顾，在此基础上对生态产品的概念进行界定，并对生态产品进行分类；对生态产品购买制度相关的理论进行总结，例如生态产品购买的价值标准、购买方式和监管政策。

二是使用一定的价值评估手段，对生态产品购买的价值基础进行分析。具体而言，包括分类选取代表性的生态产品，例如纯公共生态产品、公共池塘生态产品、俱乐部生态产品与私人生态产品，分析生态产品价值的构成与价值特征；使用相应的价值评估手段，例如显示偏好法和陈述偏好法，收集人们对公共生态产品偏好的相关信息，对生态产品价值进行评估，为生态产品购买制度的实现提供数据支持。

三是以生态产品的价值实现为目的，构建生态产品购买的路径与保障。具体而言，本书在分析生态产品价值实现困境的基础上，构建生态产品购买制度的主体和程序，并将生态产品购买制度的设计应用于具体的案例，构建生态产品购买制度的保障措施，为生态产品的价值实现提供参考。

1.2.2　研究意义

生态产品理论是我国生态文明建设理论的重要内容，本书顺应了我国在生态文明建设领域新的探索方向，将环保从立法、行政干预、生态补偿转向以生态产品价值实现为导向的制度创新。因此，对生态产品购买制度的研究对满足新时代下人民群众对生态环境的需要具有重要意义。

首先，本书在相关理论的基础上对生态产品的概念和分类进行了分析，建立了本文研究的理论基础。生态产品的概念是全球生态文明建设的中国贡献，学术界对生态产品的认识在不断地深化，生态产品的内涵和外延在现阶段还尚未统一。首先在一定的理论基础上，探讨生态产品的理论含义，厘清相关概念的内涵和外延，对生态产品进行分类。因而，本书对于生态产品概念的厘清做了一定的工作，在理论框架的搭建上对相关研究有一定的借鉴意义。

其次，本书对生态产品的价值进行了分类研究与评估。在整体研究构架的设计上，尝试将生态保护从基于投入成本的生态补偿视角转向基于价值实现的生态购买视角。以价值理论为基础对生态产品的价值实现基础进行分析，使用规范的评估方法和数理模型完成价值的评估，在实证上巩固了构建生态产品购买制度的理论基础，对丰富生态文明建设理论有一定意义。

最后，本书从宏观制度设计、微观购买机制两个层面，结合政府购买主导、生态补偿、税收、社会各界参与、私人购买等多元购买的方式完成生态产品购买制度构建。市场化的运作方式对于生态产品的价值实现产生关键性的作用，可以解决单纯由财政转移支付无法解决的供给效率的问题，整体生态产品购买制度搭建了绿水青山与金山银山的价值桥梁。因此，本书对于构建生态产品多元购买制度的实现具有一定的借鉴意义。

1.3 研究内容

本书内容是构建以生态产品价值为基础的生态购买理论框架，评估与论述生态产品购买的公众偏好基础和价值实现方式，并在此基础上提出政策建议，主要研究内容如下。

第一部分，生态产品购买制度建立的理论基础。本书从以下三个方面构建理论框架。第一，从“生态系统服务”的理论出发，对生态产品理论的起源和发展做出系统梳理，以我国官方出台的政策性文件与学者的相关研究为基础，对生态产品的内涵和外延进行了阐述。第二，从排他性和竞争性两个维度对生态产品进行分类，对现有的生态产品购买制度的研究进行综述。第三，论证生态产品价值的存在方式，并对生态产品价值评估的各类方法进行综述，从而为使用规范方法进行实证研究奠定基础。

第二部分，生态产品的价值评估。根据本书对生态产品的分类——纯公共生态产品、公共池塘生态产品、俱乐部生态产品与私人生态产品，从四类生态产品中各选取有代表性的一种生态产品形式，对其进行价值评估。在纯公共生态产品中选取了空气质量改善作为研究对象，评估西安市居民对于空气质量改善的支付意愿，为纯公共生态产品的购买制度提供价值参考。在公共池塘生态产品中，选取重庆页岩气开发过程中的水资源安全作为研究对象，评价公众对改善水资源安全的支付意愿，为建立页岩气开发过程中的水资源购买制度提供参考。在俱乐部生态产品中，选取位于三江源地区的毛庄乡生态旅游产品作为评估对象，计算生态旅游创造的社会价值，为提升与维护现有价值提供参考。在私人生态产品中，选取了具有生态标签的鸡蛋进行市场溢价分析，基于重庆市居民对生态标签的偏好分解结果为生态溢价提供了数据和理论支持。

第三部分，多维度生态产品购买制度的设计。本书分别以四类生态产品的价值评估结果为基础，从宏观和微观两个层面建立了不同类型的生态产品购买制度。总的来讲，宏观政策上，从政府购买、配额交易、生态标签三个方面构建生态产品购买制度。微观层面上，一方面借鉴NGO项目实践的经验和模式，将原先单一的经济补偿转变为以教育、发展机会、基础建设、新农村建设等手段开展“生态购买”项目实践，促进社会和谐稳定；另一方面结合技术手段和市场监管，增强消费者对生态产品的信任和知识，促进生态产品购买的实现。

1.4 研究思路和方法

1.4.1 研究思路

本书的思路是在对生态产品分类的基础上，以价值理论为基础构建生态产品的购买制度。在研究过程中，选择了不同的生态产品案例并设计了用于评估不同类别生态产品的价值评估问卷，通过恰当的价值评估方法与计量模型对公众偏好进行分析并量化不同生态产品的价值，在公众偏好的基础上构建不同类别生态产品的购买制度。具体而言，本文进行研究的思路如下。

首先，对生态产品的内涵进行阐述。伴随着政府文件的不断出台和学者们的深入研究，本书详述了生态产品这一概念演变过程，并结合我国当前社会经济发展需要提出了适用于本文分析的生态产品的概念。

其次，根据生态产品竞争性和排他性，将生态产品分类为纯公共生态产品、公共池塘生态产品、俱乐部生态产品与私人生态产品四类。由于不同类型生态产品的特点不同，其供给和需求的主体不同，生态产品的产权界定方式和购买制度的构建也存在差异。本研究对生态产品的分类，为不同类别生态产品的价值评估和价值实现提供了依据。

再次，本书选取了各类生态产品的典型代表，使用不同的价值评估方法对生态产品进行价值评估的实证研究。生态产品具有价值是购买行为产生的前提，购买制度构建是生态产品价值实现的途径和保证。不同类型的生态产品，其产权划分、价值来源、价值构成与价值评价方式均有区别。本文针对不同类别的生态产品采取了与之相适应的研究方法，进行了价值评估实践。

最后，本书在实证研究的基础上，对不同类型的生态产品购买制度的建立进行了机制设计，并将购买机制应用于所选取的价值评估对象，在此基础上总结提炼四类生态产品购买制度并提出政策建议，为我国生态产品的价值实现提供参考。

1.4.2 研究方法

本书运用的研究方法主要包括以下几个方面。

（1）文献研究法。收集了大量生态产品、公共品等相关文献，梳理生态产品理论的发展，用生态系统服务的内涵为生态产品概念提供理论铺垫，总结提炼生态产品的内涵，结合公共品、准公共品和私人物品的特征，对生态产品进行比较全面的分类。

（2）选择实验和混合（Mixed）Logit模型。使用这一研究方法目的在于评价纯公共物品和私人产品中的生态产品价值。通过选择实验方法收集了公众对空气质量改善、生态标签鸡蛋的支付意愿；在空气质量改善的案例中使用了包含线性约束的混合（Mixed）Logit模型，计算了不同类别空气质量改善的价值，从而能够得到特定空气质量改善结果的居民补偿剩余，为政府制定空气质量改善政策提供收益的相关信息，为纯公共物品购买制度的实现提供价值标准；在生态标签鸡蛋支付意愿的案例中使用了包含个体异质性的混合（Mixed）Logit模型，不仅能够得到人们对带有生态认证、散养、营养增强等生态标签鸡蛋的支付溢价比例，也反映了消费者信任、知识、受教育程度等因素对生态标签鸡蛋消费意愿的影响，从而为厂商生产和供应生态鸡蛋提供了关于人们偏好的信息，为私人物品中的生态产品购买制度的实现提供价值标准。

（3）条件价值评估与点和区间数据模型、双边界二分数据模型。使用这一研究方法目的在于评估纯公共物品和公共池塘资源中的生态产品价值。条件价值评估分为多种类别，这也导致了需要使用不同的计量模型处理不同类别条件价值评估所收集的数据。在对纯公共物品价值评估中，本文使用支付卡式条件价值评估方法，收集了人们的偏好信息。由于支付卡式条件价值评估中，受访者勾选的支付价格表明其潜在的支付意愿介于当前勾选的支付价格与下一个支付价格之间，因此适宜采用点和区间数据模型来估计受访者的真实支付意愿。在对公共池塘资源进行价值评估的过程中，本书使用双边界二分式条件价值评估方法，收集了人们的偏好信息。双边界二分式条件价值评估中，通过虚拟的两次出价来定位受访者的支付意愿，因此适宜采用双边界二分数据模型来估计受访者的真实支付意愿。

（4）旅行费用法和需求曲线模型。使用旅行费用法的目的在于评估俱乐部产品中的生态产品价值。通过旅行费用法这一显示偏好方法对人们生态旅游情况进行调研，收集了各类与游憩成本相关的信息，如交通成本、目的地花费和时间成本等信息，使用适当的形式建立旅游率与游憩成本之间的因果关系，从而能够估计旅行者消费剩余曲线，获得旅行目的地所提供生态产品的价值。

1.5 技术路线

本书的技术路线如图1-1所示，根据研究对象的不同和受访者群体的不同采取了适用的研究方法。例如，在俱乐部产品中的生态产品价值评估中，本书选取了生态旅游的案例，人们对生态产品的关心程度与前往保护区旅游的行为满足弱互补假设，因而采用旅行费用法对俱乐部产品中的公共物品进行价值评估；对纯公共物品、私人物品中的生态产品价值评估中所设定的受访对象为城镇居民，而对公共池塘资源中的生态产品价值评估中所设定的受访对象多为农村居民，由于受访者对问卷理解能力的差异，针对性地采用了不同的陈述偏好方法进行价值评估。总体上，本文所涉及的价值评估方法包括选择实验方法、条件价值评估方法和旅行费用法。计量模型主要包括混合（Mixed）Logit模型、点和区间数据模型、双边界二分数据模型、需求曲线模型。以下是技术路线图，并在具体的应用中对这些方法进行了详细的说明。

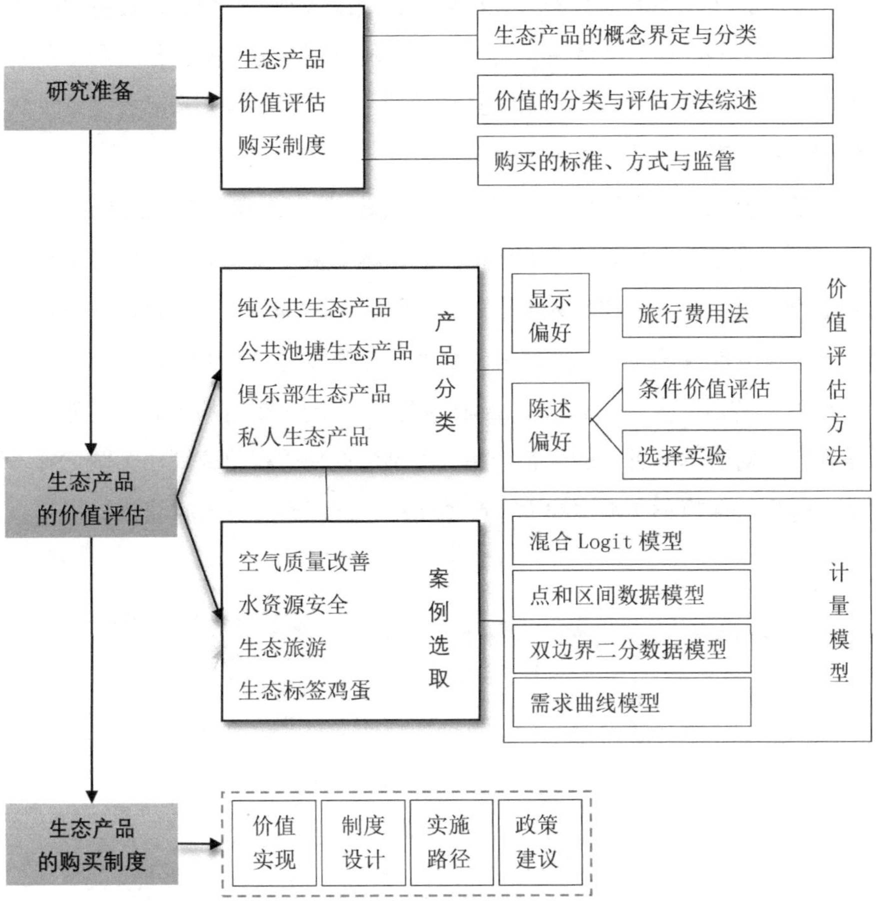

图1-1　技术路线图

1.6　可能的创新之处

本书通过以价值理论为基础的生态产品购买制度进行研究，可能的创新主要表现在以下几个方面。

第一，明确了生态产品的概念。本书在梳理生态产品概念的缘起、争议和展望后，明确了生态产品的概念是生态系统通过生物生产和人类生产共同作用为人类福祉提供的最终产品或服务，是与农产品和工业产品并列的、满足人类美好生活需求的生活必需品。

第二，提出了生态产品的分类标准。在实践和理论层面，往往将生态产品全部划分为公共物品，或者将生态产品按区域进行划分，这样都不利于形成针对性的生态产品治理政策。本书从经济学的视角进行的生态产品分类，标准更为清晰、对生态产品的涵盖更为全面。

第三，从公众偏好的视角，对四类生态产品中的典型案例进行价值的评估。有别于生态学中生物技术的评估方式，本书从公众偏好的角度对生态产品的价值进行量化，并以此作为生态产品价值实现的基础。以公众偏好为基础的购买制度设计能够贴合公众的需求，制度运行的交易成本更低。

第四，构建了生态产品的多元购买制度。不同于现有的政府购买为主导的政策保障，对于不同种类的生态产品，本书建议采用税收政策、金融工具、信息溯源等方法保障不同类型的生态产品交易，进行购买方式的创新。

二、理论基础

2.1 生态系统服务理论

2.1.1 生态系统服务的概念

生态系统服务（Ecosystem Services，ES），被认为是生态系统为人类提供的，与人类福祉、健康、生计和生存相关的各类服务（Costanza et al., 1997；MA, 2005；TEEB, 2010；Burkhard & Maes, 2017）。从生态系统服务的产生方式来看，如果没有人（人力资本）、社会（社会资本）和实物环境（实物资本）的存在，生态系统就无法为人们带来任何好处。因此，生态系统服务的产生离不开自然资本与人类、社会和实物资本之间的互动，人类福祉受益于这一过程中产生的生态系统服务（Costanza et al., 2014）。

如图2-1所示，提供服务的生态系统被称为自然资本，自然资本作为一种存量，随着时间的推移而不断地产生服务流量（Costanza & Daly, 1992）。实物资本主要是指人类构造的用于生产或提供服务的有形资产，如厂房、机械、设备等；人力资本是体现于人类个体身上的，包括具有经济价值的知识技能、文化技术水平与健康状况等质量因素之和；社会资本是群体社会联结中所蕴含的潜在资源，能够维系社会发展的社会信任、社会网络与社会规则等方面的积累；自然资本是自然资产的存量，包括水、土壤、空气、生物等各类资源。实物资本与人力资本之间存在重叠区域，二者共同存在于社会资本之中，社会资本存在于自然资本之中。为了实现自然资本的收益，自然资本（不需要人类活动来构建或维持）必须与其他需要人类力量构建和维持的各类形式的实物资本、人力资本、社会资本相结合。因此，生态系统服务本质上是自然资本在与其他三种资本交互过程中，对人类社会生产各类收益的相对贡献。

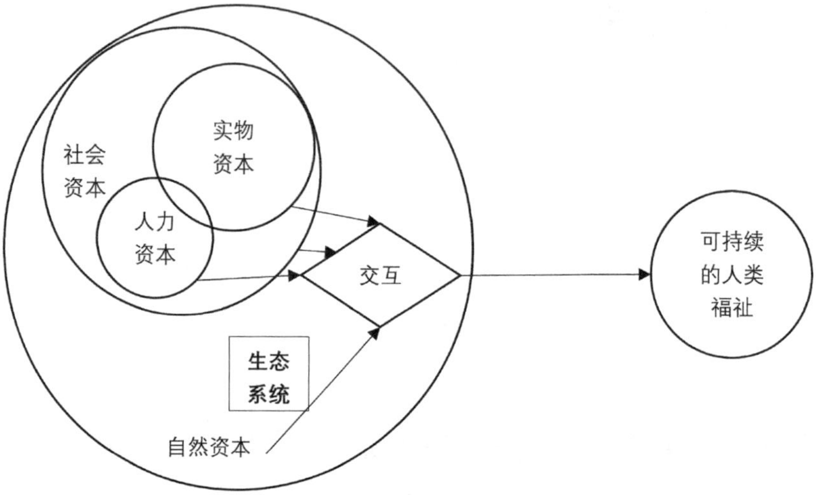

图2–1 人类福祉实现所需要的构造、人力、社会与自然资本的交互

此外，生态系统服务也可以看作是人与自然之间的接口，这被称为“级联模型（cascade model）”（参见Haines-Young & Potschin, 2010；Potschin & Haines-Young, 2016）。级联模型描述了从一端的生态系统到另一端的人类福祉之间因果关系的路径，其中的生态系统是以其生物物理结构和过程为特征（图2-2）。生物物理结构，简单而言是指不同的栖息地类型（例如林地、湿地、草地等）；生物物理过程是指形成生态系统的动态与交互进程（例如初级生产）。在级联模型中，生态系统功能是指支撑其提供生态系统服务能力的生态系统的特征或行为（例如林地或草地产生生物物质存量的能力）。那些支撑生态系统提供服务背后的要素和特征有时被称为“支持服务”或“中间服务”，而生态系统的“最终服务”是我们实际上可以收获的（例如蜂蜜、粮食）或是能够从生态系统中获得的（例如防洪工程、美丽的风景等）收益，是生态系统直接为人类福祉做出的人类希望得到的贡献（例如健康和安全）。由于人们习惯于对收益进行价值评估，因此生态系统服务也被称为“商品（products）”

与“产品（goods）”。对生态系统服务的价值评估可以通过许多不同的方式来获得，例如通过货币这类定量的标准，也可以通过道德、审美这类定性的标准。

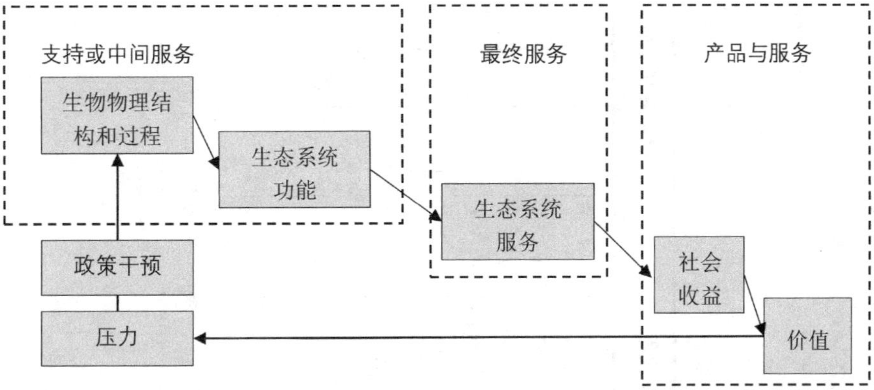

图2–2　生态系统服务的级联模型

2.1.2　生态系统服务在政策制定中的作用

基于生态系统服务的政策制定需要研究人们对其偏好或需求情况，从而帮助政策制定者制定干预生态系统服务的各类决策。因此，在做出影响生态系统状况的利用或开发决策时，关于生态系统服务供应及其与生物多样性的关联、生态系统功能的局限性、外部压力如何影响生态结构和过程，这些知识对于政策制订至关重要。图2-3展示了将生态系统服务纳入政策制定过程的历史脉络，从时间上可以分为生态系统服务概念的起源与形成（20世纪70年代和80年代）、生态系统服务的主流化（20世纪90年代）和生态系统服务与市场衔接（20世纪90年代和21世纪）三个阶段（Gómez-Baggethun et al., 2010）。

从Hardin对“公地悲剧”的研究开始，人们意识到了生态系统与人类福祉之间的关联，而生态系统服务这一概念最早见于1970年的《Study of Critical Environmental Problems（关键环境问题研究）》（SCEP, 1970）和1981年的《Extinction: the causes and consequences of the disappearance of species（灭绝：物种消失的原因和后果）》（Ehrlich & Ehrlich, 1981），被用来反映生态生命系统对人类社会的重要作用，并在随后得到了越来越多的学者的关注。1997年，

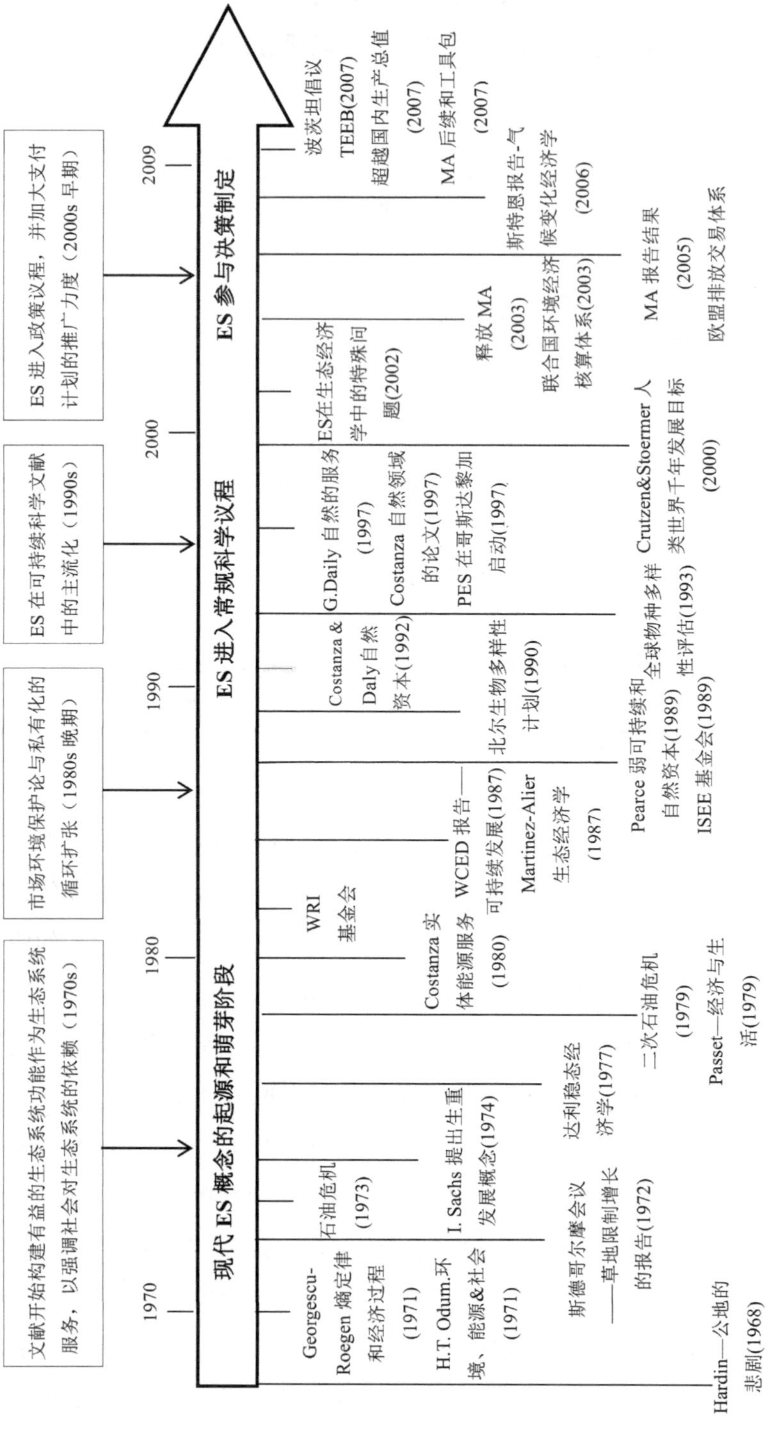

图2–3　生态系统服务概念发展的脉络图

Costanza et al.（1997）发表于《Nature》上的《The value of the world's ecosystem services and natural capital（全球生态系统服务和自然资本的价值）》在全球范围内进一步发展和推广了这一概念，并使得生态系统服务开始成为生态学与经济学相结合的流行研究方向。

进入21世纪之后，2001年中旬联合国与世界卫生组织、联合国环境规划署和世界银行等合作发布了千年生态系统评估（Millennium Ecosystem Assessment，MA）项目产生了广泛而又深刻的影响。该研究中在全球层面对生态系统的状况和趋势进行了分析，并发现目前评估的生态系统服务中有60%正在退化或被不可持续地使用。该报告获得了决策者的广泛认可，并正式确立了生态系统服务的重要研究地位。在千年生态系统评估项目之后，欧盟委员会和德国联邦环境部、自然保护部、建筑与核安全部为了响应2007年3月在德国波茨坦举行的G8 + 5峰会环境部长的提议，共同发起了生态系统和生物多样性经济学（The Economics of Ecosystems and Biodiversity，TEEB）这一国际倡议。TEEB是在2007年至2010年期间进行的，引入了生态系统服务的经济视角并强调生物多样性的经济价值以及生物多样性丧失和生态系统退化所产生的成本。TEEB的研究涉及科学、经济学和政策等不同领域的专业知识，并将其主要发现和建议呈现于几份报告中，包括：TEEB综合报告、TEEB生态和经济基础、国家和国际政策制定中的TEEB、地方和区域政策中的TEEB、商业和企业中的TEEB。在我国，中国环境科学研究院（CRAES）作为主要执行单位，与德国联邦自然保护局（BfN）、联合国环境规划署（UNEP）等国际单位密切合作进行了中国的TEEB研究，并在2015年发布了《中国TEEB估值方法手册》《中国TEEB初步评估报告》等阶段性研究成果。

在TEEB之后，生态系统服务概念开始被广泛应用于生态和环境政策的制定，并产生了其他一些较有影响力的事件。如为了支持《EU Biodiversity Strategy 2020（2020年欧盟生物多样性战略）》第5项行动的实施，欧盟委员会建立了一个“生态系统及其服务的制图和评估”（Mapping and Assessment of Ecosystems and their Services，MAES）工作组。这一工作组囊括了来自欧盟委员会和各成员国的研究专家，制定了在欧盟内部和成员国内实施第5项行动的指南。该指南提供的分析框架包括：（1）通过四个步骤对10个生态系统进行绘图；（2）生态系统状况的评估；（3）生态系统服务的评估；（4）综合评估。在MAES的基础上形成了欧洲生物多样性信息系统（Biodiversity Information System for Europe，BISE），系统内包含了有关欧盟和国家层面已完成和正在进行的生态系统管理信息，这些信息详细记录了不同地区生态系统及其服务的绘制和评估工作。此外，国际上还存在着一些自发成立的生态系统服务评估国际合作平台，这些平台将参与生态系统服务评估领域的研究人员、研究组织和国家主管部门联系起来，通过开展线上与线下活动来促进成员之间的交流。例如，由全球经济机构和个人成员组成的Gund生态经济学研究所（隶属于美国佛蒙特大学）于2008年启动了“生态系统服务合作伙伴关系”（Ecosystem Service Partnership，ESP）计划，旨在通过组织国际会议、培训、数据与经验的交流以及建立强大的专家网络来加强生态系统服务领域的交流与合作。还有在2012年成立的“生物多样性和生态系统服务的政府间科学政策平台”（Intergovernmental Science-Policy Platform on Biodiversity and Ecosystem Services，IPBES），得到了联合国环境署、教科文组织、粮农组织和开发计划署的支持并由联合国环境署进行管理，主要通过在区域和全球一级评估生物多样性和生态系统服务来加强生物多样性和生态系统服务与科学政策的互动，促进生物多样性的保护与可持续利用，保障人类的长期福祉和可持续发展。

总之，生态系统服务的概念建立了生态系统与人类社会之间的价值关系，并随着时间的发展被广泛地应用于生态系统管理、生态系统服务市场（Bayon, 2004）和生态系统服务付费计划（PES）（Landell-Mills & Porras, 2002；Pagiola et al., 2005）等政策制定方面。

2.1.3 生态系统服务的类别

生态系统分类是对其进行管理的前提（Burkhard & Maes, 2017），一些文献对生态系统服务进行了简单地分类，如从收益人角度分为私人服务与公共服务，从收益类型角度分为使用服务与非使用服务，从一个人或一个群体的使用是否会影响其他人使用的角度分为竞争性服务与非竞争性服务。与此同时，另外一些文献为了更为系统地反映生态系统与人类福祉之间的联结方式，基于人类从生态系统中获得的不同收益的认知角度对生态系统服务进行了分类。Daily（1997）在对服务的表现形式上做出了开创性的工作，将人类从生态系统中获得的有形和无形的收益称为"生态系统服务（ES，Ecosystem Services）"，并将生态系统分为10项内容；Costanza et al.（1997）则更多地从经济价值角度对生态系统服务进行了分类；De Groot（2000）在此基础上对生态系统提供的服务进行了更加详细的分类。

目前使用范围最广的分类标注是由千年生态系统评估（MA, 2003）提出的，将生态系统服务划分为支持（Supporting）、提供（Providing）、调节（Regulating）、文化（Cultural）四大类。TEEB的研究中延续了MA的分类方法，在分类中使用了"提供""调节"和"文化"服务的分类方法，但不同的是将"支持"服务标记为"栖息地或支持（Habitat or Supporting）"服务以涵盖生态系统在维护物种遗传多样性的栖息地上的贡献。

在此之后，人们逐渐认识到如果要开发生态系统核算方法并进行国际间的比较，那么就需要对描述生态系统服务的方式进行标准化，形成国际上通用的生态系统服务分类标准。在欧盟一级，如上所述，已经制定了生态系统及其服务制图和评估（Mapping and Assessment of Ecosystems and their Services，MAES）的概念框架，以指导在欧盟成员国中对生态系统和生态系统服务进行评估的更加统一的方法。在国际一级，政府间合作开发了一种新的生态系统服务分类，即"国际生态系统服务常用分类"（Common International Classification of Ecosystem Services，CICES）框架，以促进将生态系统服务整合到各个国家的环境价值核算中。CICES是在联合国统计司领导下的环境和经济核算系统（System of Environmental and Economic Accounting，SEEA）工作的一部分，旨在收集与环境有关的国际之间可比较的统计数据，从而为生态系统服务奠定基础会计系统。CICES的第一个版本产生于2009年，此后对其进行了不断的修订以反映以往使用MA的框架进行研究时所产生的一些关键漏洞并形成了广泛使用的4.3版本。CICES对于MA的改进在于明确什么服务是最终服务，并使用层级结构来进行分类设计，以适应不同背景和空间尺度上进行分类的要求。目前，最新的CICES版本是2018年发布的5.1版本（如表2.1所示），此版本更好地代表非生物生态系统服务，并且与基础生态系统功能的类型进行集成。此外，在CICES的核算中并没有包含支持服务。这并不是因为支持服务在CICES不重要，而是因为支持服务被认为是生态系统最终服务的中间过程。CICES中所确定的服务均为生态系统的最终产出，并将最终产出作为生态系统服务评价和评估的基础。

表2.1　CICES对生态系统服务的分类（版本5.1）

大类	组	小类
门类：提供服务		
生物	用于营养、材料或能量来源的陆地栽培植物	用于提供营养的陆地栽培植物（包括真菌、藻类）
		用于纤维与材料来源（直接使用或加工）的陆地栽培植物
		用于提供能源的陆地栽培植物
	用于营养、材料或能量来源的水产养殖植物	用于提供营养的原位水产养殖植物
		用于提供材料的原位水产养殖植物（不包括遗传物质）
		用于提供能源的原位水产养殖植物
	用于营养、材料或能量来源的陆地养殖动物	用于提供营养的陆地养殖动物
		用于纤维与材料来源（直接使用或加工）的陆地养殖动物（不包括遗传物质）
		用于提供能源的陆地动物（包括畜力）
	用于营养、材料或能量来源的水产养殖动物	用于提供营养的原位水产养殖动物
		用于提供材料的原位水产养殖动物（不包括遗传物质）
		用于提供能源的原位水产养殖动物
非生物（水）	用于营养、材料或能量来源的地表水	用于饮用的地表水
		用于供应目的的地表水（非饮用目的）
		用于生产能源的淡水
		用于生产能源的沿海或海水资源
	用于营养、材料或能量来源的地下水	用于饮用的地下水
		用于供应目的的地下水（非饮用目的）
		用于生产能源的地下水
门类：调节和维持服务		
从生物化学或物理过程到生态系统的转化	人类产生的废弃物或有毒物质的调节	通过微生物、藻类、动植物的生物修复
		通过微生物、藻类、动植物的过滤、隔离、储存、积累
		气味减少
		噪声减弱
		视力调节
	对基准流量和极端事件的调节	侵蚀率控制
		动量的缓冲与衰减
		水文循环与水流调节（含防洪）
		风暴防护
		火灾防护
	生命周期维持、栖息地和基因库保护	授粉（或海洋中配子的传播）
		种子传播
		种群与栖息地维护（包括基因池的保护）

续表

大类	组	小类
从生物化学或物理过程到生态系统的转化	病虫害防治	害虫防治（包括入侵物种）
		疾病控制
	土壤质量调控	风化作用及其对土壤质量的影响
		土壤分解固定过程及其对土壤质量的影响
	水分条件	通过生物过程调节淡水的化学条件
		通过生物过程调节咸水的化学条件
	大气成分和条件	大气化学成分的调节
		调节温度和湿度，包括通风和蒸腾
门类：文化服务		
直接的、就地的和室外的与生活系统的相互作用，依赖于存在于环境中	与自然环境的身体与体验互动	生命系统特征中，能够促进健康、康复或享受的主动与沉浸式互动
		生命系统特征中，能够促进健康、康复或享受的被动与观测式互动
	与自然环境的智力互动	生命系统中，能够用于科研或传统生态知识创造的特征
		生命系统中，用于教育与训练的特征
		生命系统中，能够产生文化共鸣的特征
	与自然环境的精神互动	生命系统中，具有标志性意义的元素
		生命系统中，具有宗教意义的元素
		生命系统中，用于休闲消遣的元素
	其他具有非使用价值的生命系统特征	具有存在价值的生命系统特征
		具有遗产价值的生命系统特征

在CICES的层级关系中，在最高层级是MA框架中所使用的三个门类（Sections），提供、调节、文化，其定义方式与MA和TEEB分类中的定义基本相同。提供服务被定义为生命系统的所有营养、物质和能量输出；调节服务被定义为所有生物体能够对人类行为的周围环境产生调节或中介影响的各类形式服务；文化服务被定义为所有影响人类生理和心理状态的非物质的，通常是非消耗性的生态系统产出。提供服务对生物质（或有机质）和水的供应与物质产出进行了区分。调节服务中，既包括利用生命过程来降解废弃物和有毒物质，也包括对能够影响人类社会表现的固体、液体和气体流量的调节，还包括对影响人的物理化学和生物环境的生物体的调节。文化服务主要被认为是引起人的身体或精神状态变化的半自然的或是自然的各类情景，可以涵盖单个物种、栖息地或整个生态系统。CICES是按层次结构组织的，将三个门类进一步划分为大类（Divisions）、组（Groups）和小类（Classes）。从门类向下，到

大类、组和小类，服务变得越来越专门化，这些详细的服务类型嵌套在它们上面更广泛的类别中。这种分级结构使得用户可以深入到其应用程序所需的最详细级别，在汇报评估结果时可以从底层开始向上合并汇总得到一般化的结果。

“生物多样性和生态系统服务的政府间科学政策平台”（Intergovernmental Science-Policy Platform on Biodiversity and Ecosystem Services，IPBES）则应用了另一种更为复杂的生态系统服务分类方法。IPBES提供了与自然和生活质量相关的价值观的总体类型，并包括以下三个方面。①自然的内在价值，其中包括个体生物、生物物理组合、生物物理过程和生物多样性。②大自然对人类的好处，其中包括生物圈实现人类努力的能力（即蕴含能源、初级生产的人力占用、总物料消耗、生命周期、碳和水足迹、土地覆盖等）；大自然提供收益的能力（即渔业栖息地，土壤生物多样性对维持长期产出的贡献，生物多样性在未来的选择价值）；大自然的馈赠、商品和服务（即调节服务，如气候调节、水流量调节、授粉、生物防治等；提供服务，如人类能量来源、营养来源、能源来源等；文化服务，如景观、情感体验等）。③良好的生活质量，其中包括安全和生计、可持续性和弹性、多样性和选择、与自然和地球母亲和谐相处、健康与福祉、教育和知识、身份和自治、良好的社会关系、艺术和文化遗产、灵性和宗教、治理与正义。

选择何种分类方法取决于研究的目的或决策背景，考虑到生态系统服务的复杂性和可操作性，一个适合所有评价目的的全面分类制度很可能是无法实现的。但现有的生态系统服务的分类标准和分类实践为使用各类研究方法和研究结果的可比性及增加透明度提供了参考。

2.2 生态产品的概念与特征

随着人类工业文明的迅速发展，人类对于自然的改造和利用能力大幅提高，在增长主义发展思维的影响下，人类对自然环境经历了一个极度索取的阶段（增长主义生态批判），空气、水、原材料等自然资源加速枯竭，生态环境也逐渐恶化，生态与原有的经济发展方式矛盾凸显，人民群众也表达出对良好生态环境的迫切需求。党的十八大明确提出加大“环境保护力度”“增强生态产品生产的能力”，因而“生态产品”的概念在生态文明建设过程中具有重要意义。以下将从生态经济学理论出发，介绍生态产品概念的提出和演变、厘清生态产品概念与内涵，并在此基础上归纳生态产品的特征、对生态产品进行分类。

2.2.1 生态产品概念的演变

（1）生态产品概念的萌芽阶段

在中国知网上以“生态产品”为关键词进行搜索，出现的第一篇中文文献是1985年发表的《黄土高原的种草种树和生态产品转化》（杨再，1985），此文中将“通过水土保持措施所得到的牧草、树叶和嫩枝条”这类在生态治理措施下产生的经济作物，统称为“生态产品”。因而，生态产品最初是指在生态系统中通过光合作用得到的初级产品，以及实施生态保护措施后产生的农林等具有经济附加值的产品，生态产品兼具保护生态与提高经济效益的双重目的。之后，随着生态设计理念的流行，生态产品转而指向具备生态设计理念的物品（向真，1989），例如遵循环保理念而生产的无污染消费品就能够被贴上生态产品的标签。此后，1992年任耀武的文章中明确提出了“生态产品”的定义，认为生态产品是通过生态工艺生产出来的无公害的高档产品，其特点是没有生态滞留和耗竭，其种类主要包括了生态消费品、生态食品、生态住宅、生态服装、无铅燃油和生物塑料等（任耀武，1992）。可见，早期的生态产品概念强调了生产的可持续原则与清洁的生产方式并需要经过专门机构的认证，并且在生产与使用周期中不破坏生态环境、保护环境安全、对人类无害的消费品都可以归纳到生态产品的范畴。但是，早期的生态产品概念没有包含生态系统要素的生态生产过程（邱耕田，1995），并存在生态产品与“绿色产品”概念混用的问题（陈清硕，1994）。

综上可见，萌芽阶段的“生态产品”属于人类社会生产中的物质生产范畴，生态产品是有形实物产品，与普通产品相比，生态产品包含一定的环保属性和生态设计，体现了社会生产的生态化趋势。当时对生态产品的认识还存在很大的局限，但是人们利用市场交易改善生态环境的最初尝试。

（2）生态产品概念的形成阶段

在“增长主义”的影响下，为获得社会经济的发展而不计生态成本、忽视生态效率、片面推崇增长效率并藐视生态公正的发展方式没有得到很大改变。由此导致了生态资源高度紧张、环境严重破坏、生态系统自我运转能力不足。在此背景下，生态产品作为一种重要的生态概念，其内涵发生了重要变化。2005年的文献中出现了“生态公共产品”的概念，指既具有生态功能又具有实物功能，既影响区域的生存环境又影响区域经济消费的物品，主要包括森林、土地、水资源、草地等生态资源和生态产品（杨筠，2005）。从定义上看，此时的生态产品不仅是凝聚人类劳动的实物产品，还扩充为包含劳动属性的环境资源。此外，国家政策文件也开始不断提及生态产品的概念。例如，2006年国家林业局的新闻发布会中，首次明确提出了生态产品中包括新鲜空气、清洁水质、宜居环境，这一官方发言将生态产品的范畴从局限性的实物消费品扩充为经过特殊的人类劳动恢复生态功能的自然资源。从事后续研究的学者也不断地引用这一观点，认为生态资源不仅包含人们的劳动产品，也体现了人类能够通过技术与劳动的手段在改善生态环境的意识支配下，通过特定的行为形成的有形的和无形的产品。

一个重要的转变出现在2010年12月，国土资源部发布了《全国主体功能区规划》（国发〔2010〕46号文）。在这一官方文件中首次明确了生态产品的概念：“生态产品指维系生态安全、保障生态调节功能、提供良好人居环境的自然要素，包括清新的空气、清洁的水源和宜人的气候等。”根据这个定义，生态产品是从自然系统中生产出的具有生态功能的产品，并且与农产品、工业品以及服务产品一样，都是人类生存发展所必需的产品和服务。图2-4统计了以“生态产品”为关键字进行文献检索所获得的文献在2010年之后的分布情况。从中可以看出，在2010年之后生态产品相关的研究成果数量增长很快，反映了学术界对“生态产品”研究的重视。2017年，党的十九大报告又一次提出“提供更多优质生态产品以满足人民日益增长的优美生态环境需要”，对生态产品概念的发展提出了新的要求。2018年，习近平总书记在深入推动长江经济带发展座谈会上提到，选择具备条件的地区开展生态产品价值实现机制试点，探索政府主导、企业和社会各界参与、市场化运作、可持续的生态产品价值实现路径。在此背景下，生态产品的重要性深入人心，并在长时期内成为研究领域的热点话题。

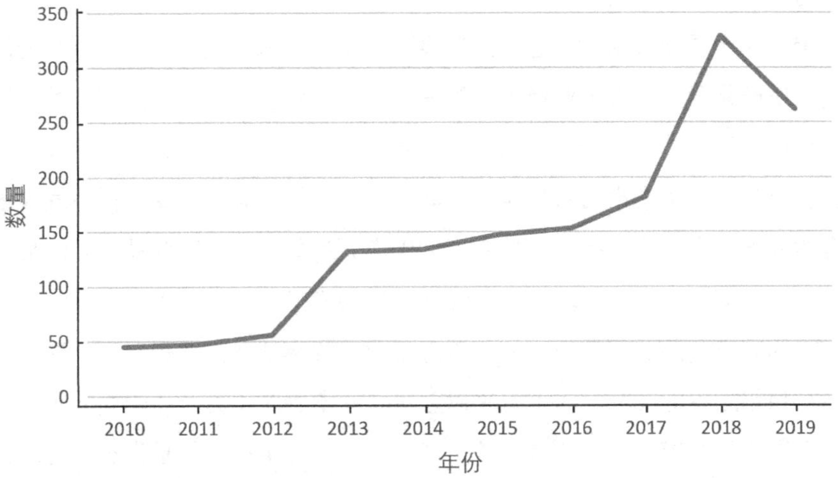

图2–4　生态产品相关研究的文献数量增长趋势

由上可知，这一阶段的生态产品概念演变与中国政府的政策文件密切相关，因而这一概念具有非常明显的中国特色。学者在官方界定基础上，进一步对生态产品概念的内涵和外延进行了理论升华和凝练，大部分学者同意将其定义为“维系生态安全、保障生态调节功能、提供良好人居环境，包括清新的空气、清洁的水源、生长的森林、适宜的气候等看似与人类劳动没有直接关系的自然产品”（p13，曾贤刚，2014）。这一定义符合了当时的社会需求和政策目标，在定义中排除了人类劳动，只保留了生态系统中的生态生产结果，已经与生态产品概念起源时的含义有很大的区别。

（3）生态产品概念的继续发展

伴随着国家陆续出台的重要文件，领导人在重要场合的言论，以及“两山”理论的提出，党和国家对生态文明建设提出了更高的要求，这一趋势也要求学界加深对“生态产品”价值的探索，把生态产品价值的实现作为践行“两山”理论的有形抓手。2018年召开的全国生态环境保护大会上，更是把生态产品上升为生态文明制度基础的高度，认为生态产品短缺已经成为影响全面建成小康社会的“短板”。这也使得“生态产品”一词从国土空间优化的单一概念，升华为我国生态文明建设的核心概念之一，显然单一自然产品内涵已经不能满足生态产品理论的发展要求，需要从理论上继续拓宽生态文明的概念以满足生态文明建设的迫切要求。

但是学术界至今对“生态产品”概念的认知仍未达到一致。部分学者认为“生态农产品”“生态工业产品”等只是生态友好型产品，而生态产品应该仅仅指维持人们生命和健康所需的“自然要素”。同时也有学者认为只包括以上“自然产品”的生态产品只是狭义的概念，广义的生态产品既包括空气、水等纯自然要素，也应当包括以自然要素为生产原料凝结了人工劳动之后的最终产品，如通过清洁生产、循环利用、降耗减排的途径，减少对生态资源的消耗生产出来的有机食品、绿色农产品、生态工业品等物质产品（杨庆育，2014）。纵观2014年之后的文献，为了解决以上争议，学者对生态产品内涵的阐述主要以三个层面的内容为主线（张林波，2019）：一是生态产品是生态系统的自然要素，维系生态安全、保障生态调节的功能，即生态系统自然生产为人们健康和生命所贡献的人类福祉；二是生态产品还包括人类基于自然资源，投入一定的人类劳动后的产品，是人类生产与自然生产共同作用下得到的有形或无形产品，如农林产品、有机绿色食品、依托于生态环境的精神文化产品等；三是通过如清洁生产、节能减排等特殊的生产技术手段，以降低生态资源损耗为目标的人类社会生产物，如恢复生态环境使用的设备和服务，生态设计工业品等物质产品。

生态产品的内涵在以上三个层面上的差别在于附加人类劳动的多少。本书认为，完全由自然生态产生的产品和服务理应是生态产品，但同时也不应当排除人类与自然共同作用而产生的有形物质。理由是，有形产品是随着人们为了解决经济发展与生态保护之间的矛盾应运而生的产物，多层次的生态产品体现了生态问题的复杂性，也体现了生态产品价值实现的系统性。通过生态的自然生产与通过人类的社会生产，二者并不是互相排斥的，而是可以相互融合的，自然生产可以社会化，社会生产也可以生态化，因此生态产品当然既可以是人类与自然单独作用的产物，也可以是人类与自然共同作用的产物。综上，本文认为生态产品概念的产生和发展经历了一个不断深化和扩充的过程（如图

2-5所示），并采用了张林波（2019）对生态产品概念的广义定义，即生态产品是生态系统通过生物生产和与人类生产共同作用为人类福祉提供的最终产品或服务，是与农产品和工业产品并列的、满足人类美好生活需求的生活必需品。

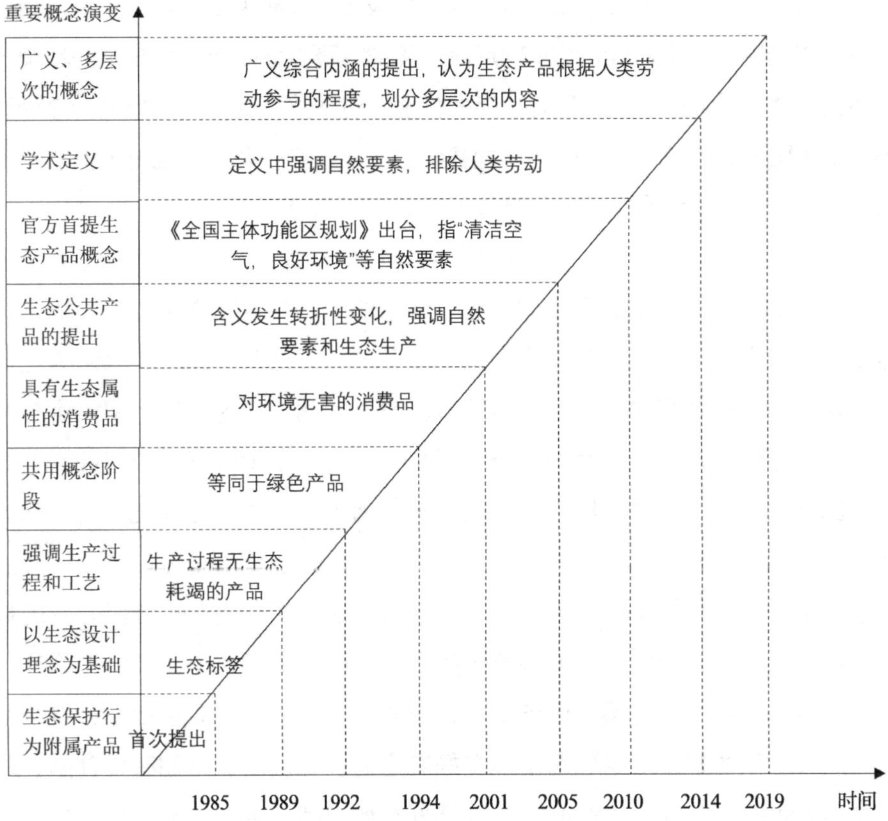

图2–5　生态产品概念演变的时间轴

（4）生态产品与相似概念的辨析

生态产品是一个具有中国特色的概念，自1985年至今，其概念内涵发生了多次重大的变迁，每一次内涵的变化都丰富了生态产品理论，逐渐形成了目前丰富的多层次概念（张林波，2019）。

“生态”的概念早在Haeckel（1886）就已经提出，被认为是动植物与外界环境之间存在的相互影响；“产品”在政治经济学里的解释为“劳动创造的具有使用价值的物质资料”，可以由市场供给，被消费者消费，满足某种物质和精神需求的有形物品或者无形服务。生态产品并不是二者字义的简单叠加，而是由生态和产品衍生出的综合概念。与其相近的概念有生态系统服务（Dailly, 1997）及经济合作与发展组织（OECD）提出的环境产品和服务。生态系统服务，如前所述，包括生态系统在支持、提供、调节、文化等方面（赵士洞，2007）；环境产品和服务包括为环境破坏以及相关废弃物、噪声与其他环境问题提供防治使之得到纠正的产品。比如，畜牧业生产可以提供的环境产品和服务就是畜牧业本身的生态功能的价值，包括草场的生产率提升，养分循环与土壤肥力的提升，保护野生动物和生态多样性等，此外，也指类似于减少杂草等直接产生社会价值的生态服务（Mearns, 1996）。

从上述的三个层次出发，对照与之相似的概念，对生态产品的含义做进一步的辨析。第一个层次强调生态系统中的自然要素在维系生态安全、保障生态调节方面的功能。对照生态系统服务的分类框架，此时可以认为生态产品是一种生态系统的提供服务与调节服务。因此，在这一层次中，生态产品的概念与生态系统服务存在重合，但是构成内容小于生态系统服务（黄如良，2015）。对生态产品第二个层次的定义加入了人类与自然之间的互动关系。人类与自然共同作用的产物可以是有形产品，也可以是无形产品。这里无形的生态产品包括了通过人类有意识的行为活动，运用自然资源开发的精神文化产物，比如森林提供的游览休憩景观和服务（高建中，2005），这一部分的生态产品与生态系统服务中文化服务重合。有形产品包括了自然资源与人类社会生产共同产生的对生态友好安全的农林产品，比如有机食品、绿色食品、生态原产地的农产品等，这部分有形产品与生态标签产品的概念一致。还有一部分有形产品是指自然系统中的清新空气、清洁水资源、优美环境等生态物质，这类自然物质看似与人类劳动没有直接关联，但是其质量却与人类的观念以及生产生活方式息息相关。这类有形产品属于自然资源资产的范畴。对生态产品第三个层次的定义突出了人类的环境保护意图。通过生态设计、生态标签来标识此类产品的环保属性，强调了人类在改善生态环境中的重要性。这类生态产品是由人类供给的物质或服务，其具备商业消费品的性质，其设计生产体现了人类解决资源问题的意识。这类生态产品与环境产品及服务的概念重合。

2.2.2 生态产品的特点

（1）同时具备使用价值与非使用价值

生态产品作为产品，本身是具有使用价值的。生态产品可以为人类提供生活资料，满足人类的部分物质需求、生态安全需求与精神需求。此外，生态产品还必须具备非使用价值，表现为生态系统所能够产生的各种生态系统服务（曾贤刚，2014），以及人类对生态环境进行维持与修复后的生态安全水平对人类的重要意义。非使用价值也是生态产品区别于其他物质产品的最根本的特点，使得生态产品具有了民生的属性。

（2）具有生态联系

"生态产品"反映的是人与自然的生态关系。经过增长主义下的破坏性经济发展，面对生态系统退化的问题，党的十八大报告提出了要"增强生态产品生产能力"，十九大报告进一步提出要"提供更多的优质生态产品"。可见，生态产品满足人们对健康生活的需要，反映了人类和自然之间更和谐的关系。所以生态产品是直接或者间接地来源于自然生态系统的产品（张瑶，2013），与生态密切关联。

（3）地域性与非地域性

生态产品具有的地域属性表现为两个方面。一是生态环境的地域性决定了与之关联的生态产品只能在特定的区域内提供产生，不能跨区直接消费某些生态产品。比如，清新的空气、森林的碳汇、净化服务等，这些生态产品都只能就地消费。因此，生态产品服务提供的范围是具有地域性质的。二是，生态产品产生于自然环境以及生物之间相互依赖的整体性，一旦某一地域的生态平衡受到破坏，不仅会影响当地的生态产品供给，也会在更大范围上对其他地区的生态环境造成影响。还有一些生态产品可以通过人为的生产加工形成可转运的生态产品，从而突破地域性的限制进行消费，例如南水北调工程、有机食品等。

（4）无形性与有形性

生态产品既可以依附于自然资源提供无形的生态服务（如文化服务），又可以通过低耗竭的生产方式将无形的生态价值固化为有形产品。因此，通过不同方式获得的生态产品可以通过市场得到有形的体现（如有机食品、碳汇），也可能不具有有形的产品市场（如清洁的空气）。相同的是，有形与无形的生态产品都是以有形的自然资源为基础的，例如碳汇必须依附于森林和绿化覆盖，清洁的空气以及水资源的生态服务依赖于低污染的人类活动，有机食品依赖于安全可持续的生产方式，地域标志产品的价值依赖于某一特定区域的生态环境。

（5）公共物品属性

学者们认为大部分的生态产品具有公共品的非排他性或非竞争性（彭飞，2015；唐潜宁，2017；杨庆育，2014；张瑶，2013）。这是由于自然要素是生态产品的来源，自然要素所具有的非排他性和非竞争性也传递给了生态产品。伴随着生态资源的过度消耗和人类对生态环境的破坏，生态产品的供给能力受到了很大的削弱，从而使得具有公共物品的生态产品出现了消费的稀缺性，具有一定的价值。此外，私人物品也可以是生态产品，如有机食品，这类生态产品并不具有排他性和竞争性。

2.2.3 生态产品的分类

不同类别的生态产品具备不同的产权特征，其买卖双方和价值实现的机制有比较大的差别，所以依据生态产品特征对其进行分类是研究生态产品价值和交易制度的前提。

（1）按产品形态分类

无形的生态产品是依赖于自然界有形自然资源存在的，例如清洁的空气、适宜的气候、人类居住的环境。这类生态产品的供给能力与生态环境的良好状态相关，但由于大部分生态产品存在计量和分割上的困难，加上生态产品的生产和消费往往是同时进行的，这造成了生态产品的价值很难用市场化的手段去计算（唐潜宁，2017）。但是，我们可以通过一些指标对这类生态产品进行监测和评价，比如宜居的环境可以用森林、湿地、草地、水等资源进行评价，良好的空气可以通过对污染物的控制和林地面积来反映等。无形的生态产品根据其物质基础的来源，可以进一步分类为森林、流域、湿地等生态产品。

有形的生态产品是指以物质产品形式存在的生态物品，既包括以自然资源作为生产资料的人类劳动成果，也可以是承载生态服务的自然资源。有形的生态产品与无形生态产品的关键区别是，有形生态产品可以计量和分割。以森林生态产品为例，有形的产品包括森林自然资源如树木、森林内部的野生动植物、微生物等，也包括通过劳动加工后的具有森林生态特征的物质产品，如拥有生态标签或者地理标志的森林消费品，这部分物质产品可以通过相应的市场进行物质交易和价值实现。

有形的生态产品中也往往包含一定的无形生态产品，例如森林生态产品中除了主要的以树木为物质基础的生态系统服务之外，还包含了水土保持、水源涵养、森林景观、碳汇，为社会提供的游憩、科研等人文服务。

（2）按受益范围分类

按照产品的服务范围大小，可以将生态产品划分为全国性、区域性、社区性、私人性生态产品（曾贤刚，2014）。

全国性的生态产品来源于当地的特殊自然自有“禀赋”，并且与经济发展情况息息相关，全国范围看，不同地区的生态、人文、经济社会环境差别巨大。一般来说在经济利益的驱动下，人类活动越多的地区，资源环境和生态环境问题更为突出（新发展理念——绿色发展）。而具有强外部性的生态高地往往是经济发展严重落后同时也是生态极度脆弱的地区。这类生态高地提供的生态产品关系着全国民生福祉，需要更多地利用政府购买、生态补偿等方式保证其生态产品的优质供给。

区域性生态产品涉及不同的主体管辖范围，其生产和受益的区域不同，比如跨区域的水资源。这类生态产品的生产和消费主体具有多样性，主体消费具备竞争性的特征。其供给和消费的主体也可能不同。此类生态产品的交易可以通过跨区域的购买或者合作实现。

社区性的公共产品指在一个特点地域范围内生产和消费的生态产品。同一个区域的居民对生态产品有共同的需求，生态产品很难被没有进入这一区域的外部人员使用，但是一旦支付了一定的成本进入该区域后，外来人员也可以使用生态消费产品。所以说这类生态产品具有一定的排他性，具有俱乐部产品的特征。这类生态产品通常满足了社区的生态需要，可以采取社区管理的门票制度实现生态产品的价值。

私人生态产品是指可以进行清晰产权界定的生态产品，这类生态产品可以通过私人市场实现物质和价值的转移。

（3）按公共品属性分类

生态物品在其生产过程中，根据生物生产、人类生产参与的不同程度，以及最终产品和服务的形态，可以分为公共性生态产品与经营性生态产品两个类别（张林波，2019）。经营性生态产品是个人享用的生态产品，公共性生态产品是社会共享的生态产品（杨筠，2005）。此外，根据公共性生态产品排他性和竞争性的不同（李繁荣和戎爱萍，2016），本书认为公共性生态产品可以被细分为纯公共生态产品、公共池塘生态产品以及俱乐部生态产品，如图2-6所示。纯公共生态产品具备完全非竞争性和非排他性，比如良好气候、良好的空气质量等，可以满足社会总体的公共需求，为整个社会共同消费。以森林产品为例，森林提供的生态服务（包括农田防护、水源涵养、防洪固沙、水土保持、净化空气水质、富氧、固碳等服务）都属于纯公共物品，同时也是生态产品。所以本书将此类产品统称为纯公共生态产品，此类生态产品往往具有无形性与不可分性。

公共池塘生态产品具有非排他性但是具有竞争性，包括林木资源、水资源、矿产资源开发等，与生态系统服务中的供给服务一致。由于其具有一定的竞争性，具备公共池塘产品的性质，本书将其统称为公共池塘生态产品，此类生态产品往往是有形的、可以计量的产品。

俱乐部生态产品是指具有排他性和非竞争性，只有付费后才可以享用的生态产品。此类生态产品通常是社区性的生态产品，包括了有形产品和无形产品。仍然以森林产品为例，人们利用森林景观开发的生态旅游产品，可以为旅游者提供消遣娱乐、美学享受和精神收益等服务，但是旅游者必须要支付旅行的成本才能享受上述服务。此类社区范围内的生态产品受益人群受到区域的限制，具有一定的排他性，因此本书将此类生态产品统称为俱乐部生态产品。

私人生态产品是指产权界定清晰，具有竞争性和排他性的生态产品。私人生态产品可以是有形的物质形态，也可以是私人提供的环境与文化服务。仍然以森林产品为例，各类林副特产（林果、饲料、药材等）都可以归属于私人生态产品，这是有形的生态产品。除此之外，有形的生态产品还包括了生态标签产品、原产地标签产品、环境友好型产品。无形的生态产品包括环境服务，如环境监测评价、污染控制、自然风险管理、生态旅游等。这类产品的供给完全可以由私人部门进行，并通过合理的市场机制进行价值实现，只要通过技术和经济的手段维护消费者的信任，就能够通过市场充分实现其价值。

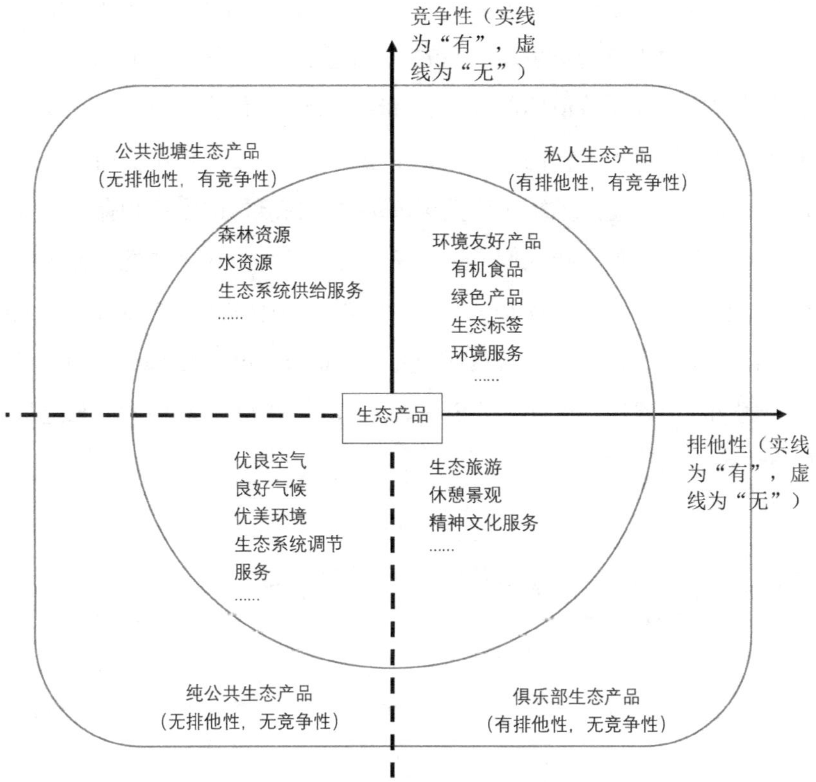

图2–6　生态产品排他性与竞争性分类图

2.3　价值与价值评估理论

2.3.1　价值构成

从人类中心主义的价值观入手，生态产品因为其给人类带来了满足感而具有价值，其价值基础是赋予人类效用或福祉的能力（王雨辰，2011）。不同的学者对生态产品的价值提出了不同的分类框架，如Pearce（1994）、McNeely et al.（1990）在此方面做出了具有影响力的开创性工作。图2-7是由TEEB

（2009）确立的较为通用的价值分类框架，从直接使用价值到存在价值，价值的外部性越来越强，因此也越来越难以被货币化。

图2-7中，直接使用价值产生于人类社会与生态产品的直接互动，间接使用价值来源于没有被直接使用的生态产品（例如，水和空气的净化、栖息地的保护），选择价值来自于对生态产品的直接使用（属于使用价值的部分）或是间接使用（属于非使用价值的部分），如医学研究、仿生学研究等。非使用价值与生态产品的使用没有任何关联，对生态产品表达出非使用价值偏好的个体仅仅是出于确保一个生态系统（或其组成部分）持续性的维持和存在是安全的需要。其中，馈赠价值是指人们通过了解生态系统和生物多样性将被传递给后代而获得的福利；存在价值反映了由于特定资源的存在（而非毁灭）对人们的福利。总体上非使用价值通常与旗舰物种（charismatic megafauna）和稀有栖息地相关，例如苏门答腊虎的保护（Bateman et al., 2010）、巴西的亚马逊森林保护（Horton et al., 2003）。

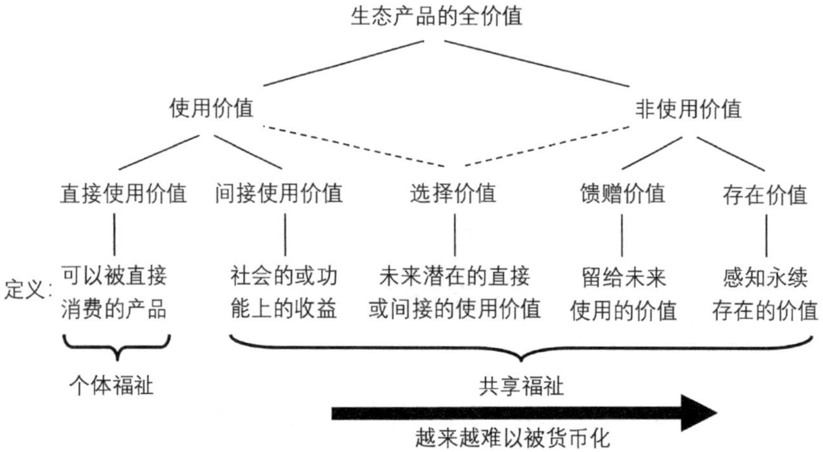

图2-7　生态产品价值的内涵

此外，在价值评估实践中会区分总的会计价值与相对较小单位变化（也即边际）的价值之间的差异。一些文献在全球、区域或是国家层面上，对生态系统服务与生态产品的总价值（Costanza et al., 1997）进行了评估，但这种方法在经济理论方面被认为是有问题的（Bockstael et al., 2000；Heal et al., 2005）。这是由于生态环境是人们赖以生存的基础，对其总价值的任何形式上的估计都是一种低估，并且很少有政策会涉及生态系统的完全丧失，因而总的会计价值对实际决策没有或很少有用。尽管如此，总的会计价值评估在应对生态环境退化和生物多样性丧失的问题方面发挥了重要作用，使其得到更广泛的政策关注和公众注意。随着时间的推移，越来越多的国家开始尝试将生态产品的价值纳入绿色国民核算，但是总的会计价值并不能确定应对生态变化的政策的最优有效反应。此时，边际价值能帮助政策制定者挑选出最有效的行动方针，以响应人们对某些生态系统服务的担忧并提高最终产品的产出。在使用边际价值分析时，需要考虑到在许多情况下边际变化的价值不是恒定的（例如边际价值会受到的影响有生态系统服务供应的变化、替代品的可用性或社会规范的变化），不能简单地将边际价值乘以政策变化所隐含的相关变化单位直接得到总的价值的变化（Brander et al., 2006）。

2.3.2　价值评估方法

在某些情况下，使用市场价格就能够反映生态产品的全价值，尽管可能需要对这些价格存在的扭曲进行调整（例如需要剔除价格补贴或限制的影响）。然而，多数情况下生态产品由于缺乏市场交易条件而需要使用特定的价值评估手段。本书根据以往的研究（Chee, 2004；Garrod & Willis, 1999）将非市场价值评估方法划分为基于成本的方法、显示偏好法、陈述偏好法和其他方法，如表2.2所示。

表2.2　生态产品价值评估的方法

<table>
<tr><th colspan="2">方法</th><th>应用</th><th>优势和局限</th></tr>
<tr><td rowspan="3">基于成本的方法
Cost-based</td><td>重置成本
Replacement Cost</td><td>当人类活动对环境造成破坏时，重建这一环境资产在现行市场条件下所必须支付的全部货币价值总额。</td><td rowspan="3">粗略衡量生态环境与消费商品之间替代程度；相对于收益，成本的计算更加快速和便捷。
成本通常不能精确测量；不能反映个人对生态系统服务的偏好；投资收益要远大于重置的成本，因此缺乏政策价值（政策的成本收益分析）；在市场上很难找到相应的重置参照物；缺乏公众支持。</td></tr>
<tr><td>替代成本
Substitute Cost</td><td>用于衡量代替某些生态系统服务，人工建造所需要的成本。</td></tr>
<tr><td>规避风险支出
Damage Cost Avoided</td><td>由于环境质量下降对人们健康造成了危害，人们为避免这一类危害所进行的投入。</td></tr>
</table>

续表

方法		应用	优势和局限
显示偏好法 Revealed preference	市场价格 Market price	针对存在市场的生态系统服务，收集市场上生态系统服务价格和属性的相关信息，价格与数量相乘就是市场价值的真实反映。	基于市场价格对价值的衡量，反映了真实的支付意愿；可以用于计算生产者和消费者剩余。 市场价格并非总是可用，可能存在由于外部性导致的市场价格扭曲；需要收集大量的实验数据，才能估算生态系统服务对产品数量和价格影响的信息；旅行费用法仅能用于娱乐收益，且当旅行存在多个目的地时这一方法将变得非常困难。
	生产函数 Production function	估算生态环境对生产和消费活动的经济贡献，并根据实际的生产和消费活动价值计算生态系统服务的价值。	
	旅行费用 Travel cost	依据实际的旅行成本数据推导需求曲线。	
	享乐价值 Hedonic pricing	通过对比，提取生态环境对商品价格的影响，价格的差异反映了生态系统服务的价值。	
陈述偏好法 Stated preference	条件价值评估 Contingent valuation	建立用于生态系统服务交易的假象市场，测度人们对生态系统服务的支付意愿和受偿意愿。	能够反映人们对生态系统服务的偏好；是唯一可用于测算使用价值和非使用价值的方法。 策略偏差：在人们真的需要付费时会少报WTP，反之则会高报WTP；假想偏差，由假想市场造成的，缺乏真实市场的奖惩激励而造成的偏差。 信息提供：人们缺乏衡量生态福利价值的先验信息。
	联合分析 Conjoint analysis	选择分析不同生态系统服务，基于不同的价格或成本，收集人们对不同生态产品或服务的偏好信息。	
	选择试验 Choice experiment	被调查者从一系列具有具体属性的备选项中选出他们认为最优的选项，通过假定效用函数的形式计算价值。	
其他方法 Others	效益转移 Benefit transfer	单元值转移，基于同一个背景（流域、区域、国家）获得的结果，经过调整后用于评估另一相似背景下的生态系统服务价值评估，也可用于对不同背景下研究结果的对比。	用于快速计算，减少了价值评估的成本。受限于已有研究结果；即使背景相似，很多因素的变化也会非常大，得到的结果很可能不准确。
		函数转移，包括偏好校准和荟萃分析，对同一主题不同分析结果的分析，搜集已有或未发表的具有某一可比特性的文献，对其结果应用特定的设计和统计学方法进行综合评价。	避免了局限性，分析结果更全面可靠。 文献的研究过程、对象和指标可能存在偏差；需要收集大量高质量文献及其分析用数据。

基于成本的方法使用某些商品的市场价格所提供的有关生态产品价值的有用信息进行价值评估。然而，在对潜在的生态产品价值进行无偏倚的估计之前，需要解决两个实际问题。首先，需要对价格进行调整以剔除可能存在的市场扭曲（如政府补贴或税收）以及非竞争性做法。其次，所评估的生态产品可能只构成特定市场商品生产投入价值的一部分，因为市场商品的生产还需要其他投入，如劳动力、专业知识、制造业或社会资本。这些不同的投入对商品价值的贡献可以通过对商品生产函数的估计来获得。例如，Fezzi et al.（2014）研究了气候条件（温度和降雨）对英国农业产出的贡献，并通过控制其他投入和政策干预的影响，获得了气候变化对农业产出的特定影响，从而获得气候变化对经济价值的影响。在估计过程中需要收集大量的数据，并且需要专业的知识以建立生态系统质量和数量的变化与最终产品的生产过程、生产成本、市场供求等方面之间的关系（Koetse et al., 2015）。此外，使用基于成本的方法一个明显局限性是，它们只能应用于与市场上存在的商品生产直接相关的生态产品。在这种关系较为不明确的情况下，需要考虑使用其他方法。

许多生态产品并不存在与之相关的产品市场，但是这一生态产品的价值可以体现在与之相关的市场商品的定价中，此时可以使用显示偏好法进行价值评估。例如旅行成本法是衡量娱乐收益的常用方法。它所依赖的前提是，娱乐利益的价值通过人们在旅游市场的行为中隐含地表现出来。通过对实际旅行成本、时间成本等方面旅行费用的分析，就能够评估人们进入休闲场所的隐性价格和这一场所产生的休闲收益的价值。例如，Egan et al.（2009）采用旅行成本法，将美国爱荷华州129个湖泊的娱乐使用情况与家庭调查的信息相结合，算出以水质为条件到爱荷华州湖泊休闲旅行的需求函数。享乐价值评估方法，最常见的应用是通过房地产市场中的房价来反映生态产品的价值。通过剥离房地产周边除了生态系统之外因素的影响，例如结构性因素（卧室数量、花园面积等）、附近变量（当地失业率等）、可获得资源（如高质量的教育资源、商超资源等）这些因素的影响，就能够揭示房价与当地环境质量的明确关系，从而实现对生态产品价值的估算。

陈述偏好法是通过建立假想的市场，要求调查对象或实验对象就生态产品供应的变化表达他们的支付或受偿意愿。这对于评估尚未发生情况的偏好尤其有用（Metcalfe, 2012）。陈述偏好方法也是估计纯粹非使用价值（如与濒危物种生存相关的价值）的唯一可用方法（Morse-Jones et al., 2012）。然而，由于受访者对这些变化在假想市场中的评估存在一定的偏差，使用陈述偏好法获得的结果稳健性仍存在一定的争议。陈述偏好方法最常见的两种方法是条件价值评估（contingent valuation，CV）和选择实验（choice experiment，CE）。CV是最早且应用最为广泛的陈述偏好方法（Carson et al., 2001）。CV的思想最早由Ciriacy-Wantrup（1947，1952）提出，他认为减少土壤侵蚀所产生的公共物品是没有市场价格的非市场收益，对于这一部分收益的评估可以使用问卷调研的方法来获取人们的支付意愿。这一思想在1963年继续由Davis（1963）首次用于价值评估实践，并由于其能对非使用价值进行计量而在随后的资源价值评估领域得到了广泛的应用（Venkatachalam, 2004）。CV在问卷设计过程中，针对特定的环境物品设定了公共政策干预和不干预条件下两个假想状态，并要求受访者对假想的管理政策干预结果进行支付（或受偿）。早期的CV问卷直接询问受访者对环境物品状态变化的最大WTP或最小WTA，这种方式存在的最大问题是容易导致起点偏差和策略性偏差的出现（Carson et al., 2001）。在此之后，Bishop & Heberlein（1979）引入了单边界二分式（single-bounded dichotomous）方法，为所评估环境物品状态的变化设定一个价格标签模拟消费者的真实购物行为，受访者需要为所需要支付的价格做出“是”或“否”的回答，通过价格标签确定受访者WTP或WTA的单侧上限或下限；Daugbjerg（1985）、Welsh & Poe（1998）分别发展了双边界二分式（double-bounded dichotomous）、多边界离散选择（multiple-bounded discrete choice）方法，受访者需要回答两次或多次连续的单边界二分式问题，确定受访者WTP或WTA的特定范围。同时，为减少使用CV价值评估的偏差，NOAA对CV问卷的调查与设计过程提出了建议性方法（Arrow et al., 1993），包括但不限于：（1）建议通过面对面采访形式，获取调研数据；（2）在正式调研之前，问卷应该通过预调研检验问题设置的合理性；（3）核心的价值评估问题应采用二分式（即离散型的）CV问题，而不是开放式或支付卡方式问卷，避免产生激励不兼容的问题；（4）应提醒受访者为获得所描述的生态环境的改善而需要做出的牺牲。CE基于随机效用理论，其优势主要在于能够对整体不同部分的隐含价格进行估计和更好地被用于效益转移，因而对政策制定者具有更高的参考价值（Hanley et al., 1998；Christie & Azevedo, 2009），成为近年来最重要的全价值评估方法（Bateman et al., 2002; Johnston & Duke, 2007）。CE的价值评估的结果是利益主体的偏好函数（Morrison et al., 2004; Hoyos, 2010），由于环境政策目标被分解为若干个评估变量，因此可以通过调整变量的赋值水平来实现对不同管理方案的价值评价。CE具有很强的灵活性，但同时也被Carson & Groves（2007）批评由于较多的选项而可能会产生激励不相容的问题。

使用效益转移（Benefit Transfer，BT）方法可以将研究区域价值评估的研究结论拓展及应用到其他政策区域（Johnston et al., 2015）。单元值转移（Unit Value Transfers）是将研究区域价值评估的一个或多个结果经非参数的方法，如通过购买力、收入差异、专家意见，调整后直接用于政策区域的评价。函数转移（Function Transfers），则是一类参数方法，通过两个或多个区域的原始研究建立一个结构性的效用模型进行偏好校准（Preference Calibration），即需求函数转移，或是综合已有的多个第一手研究资料，建立荟萃分析参数方程，即荟萃分析（Meta Analysis）转移。之后基于效益函数（benefit function），根据选定的政策地点的一系列特征带入效益函数得到福利的估计结果（Loomis, 1992）。由此可知，进行函数转移的两个条件是：可以从初始研究中获取的参数化的函数，函数中的解释变量应当包含有区域的可观测特征；政策地点可被量化的变量信息，这些信息将被代入转移函数来实现将研究地点得到的效益值转移到政策地点。由于存在参数化的信息，研究者可以通过变量赋值的调整来增加福利估计的容错性并实现较低的转移误差，因而放宽了对研究地点和政策地点在社会、经济、生态等维度相似的要求（Rosenberger & Stanley, 2006）。但是，Johnston & Rosenberger（2010）依然认为，地点的相似性仍是获得准确效益转移的重要因素。使用单元值转移的主要优点是易于实施和需要较少原始数据。此外，如果研究地点和政策地点非常相似，单元值转移甚至会优于其他方法（Bateman et al., 2011）。但是，一般来说，单元值转移的假定过于严格导致价值评估的结果比函数转移评估的结果有着更大的转移误差（Kaul et al., 2013；Rosenberger & Stanley, 2006）。

2.4 生态产品的购买制度

生态产品购买是生态产品价值实现的方式。2020年，我国自然资源部办公厅印发关于《生态产品价值实现典型案例》的通知中，推荐了包括森林生态银行、生态产品区域交易平台、生态旅游等11个生态产品购买的典型案例，介绍了如何通过生态资源指标及产权交易、生态修复及价值提升、生态产业化经营、生态补偿等方式将生态产品的价值转化为经济、社会与生态效益。但总体来看，我国生态产品购买制度的建立还具有一定的困难：一方面，生态产品受益主体所感受到的效益往往是非市场性的，难以使用市场价格进行量化；另一方面，对生态产品购买中的权责关系尚不明确，缺乏明晰的产权。现有文献从生态产品购买制度的价值标准、方式与监管等方面进行了探讨，这也构成了本文的理论基础。

2.4.1 生态产品购买的价值标准

生态产品购买的价值标准是建立生态产品购买制度的重要环节，包括存量价值和流量价值。存量价值是一次性取得所有生态资产的价值，存量价值变动是两个时间点之间的生态资产的变动，所交易的生态产品往往依附于一定的商品之上，如土地面积、木材体积、动植物产品等，如柳婉郁（2004）研究了纳入森林资源外部效益的林地最优轮伐周期，吴林海等（2014，2015）使用选择实验方法研究了消费者对可溯源猪肉的支付意愿，郑志浩（2015）使用条件价值评估研究了消费者对转基因大米的需求。流量价值是生态系统服务的价值，例如Costanza等（1997）对全球生态系统服务的评估，姚柳杨等（2017）对耕地保护政策产生的社会福利的评估等。

在价值评估的基础上，生态产品的真实交易价格还取决于具体的定价方式。根据经济学的一般规律，具有私人物品水平的生态产品价格随着市场供求的变化而随价值上下波动，产品价格在市场上通过交易双方的供求关系决定。但是，对于存在外部性的生态产品而言，由于产品市场很难建立，产品价格的确定往往由核算或协商来确定（张百灵，2017）。核算的方法适用于生态产品供求众多且难以进行协商的情景，在范围上包含了上述存量价值或流量价值核算，在方式上包含了2.3节所述的基于成本的方法、显示偏好法、陈述偏好法与其他方法。协商的方法一般用于针对生态保护而签订的各种行政合同中，签订合同的双方通过讨价还价的方式确定价格标准。

2.4.2 生态产品购买的方式

（1）政府主导

现金购买。资金购买是以生态产品的价值为基础对生态产品的付费，是最为常见的购买方式。在购买过程中，根据生态产品表现形式的不同，资金来源既可以是政府使用财政资金进行的补贴、转移性支付、税收惩罚或税收优惠等措施。受限于经济发展水平和财政收入约束，政府用于生态产品购买的财政资金往往难以到位（张百灵，2017）。因此，政府应当采取积极的干预政策来拓宽生态产品购买资金的来源，在措施上包括以下几个方面。①财政补贴。例如，我国在2007年发布的《中央财政森林生态效益补偿基金管理办法》对重点公益林的营造、抚育、保护和管理进行补贴；2014年财政部和农业部印发了《中央财政农业资源及生态保护补助资金管理办法》通过中央财政公共预算的安排对农业可持续发展项目进行资金补助；2020年中央预算内增加了投资生态文明建设的专项资金支持，对各类生态保护项目进行资金补贴。②税收奖惩。使用税收工具，为生态环境保护的企业和个人减免税费，对生态环境造成污染的企业和个人征收税费，激励企业和个人保护生态环境的积极性。③政府还可以通过发行生态债券，采取政府和社会资本合作等方式（房引宁等，2017）来筹集资金。

政策倾斜。政策倾斜是上级政府对下级政府权力和机会的补偿（陈祖海，2008）。在生态产品购买方面，上级政府可以安排各类项目和政策来补偿生态产品提供地区，激发地方生态建设和环境保护的积极性。例如，汪中华（2006）对少数民族地区生态建设的政策扶持措施进行了研究，认为国家可以通过引导基建项目和国外援助项目向少数民族地区倾斜，优先安排关系到少数民族地区生态建设和经济发展的大项目来解决生态贫困问题。此外，在个体层面上，受限于收入水平不高和个体认知不足等因素的影响，个体缺乏对生态产品的购买意愿。因此，2016年国家发改委等十部委联合印发了《关于促进绿色消费的指导意见》来规范产品市场，并通过政策引导人们绿色消费行为，营造绿色产品购买的良好外部环境。

技术培训。技术培训是生态产品购买方向生态产品提供方进行无偿的技术咨询与指导，一方面帮助生产者提高他们的技术水平，形成生态产品的可持续供给能力；另一方面也可以帮助生态产品提供地区向发达地区的劳务输出，减轻人口对当地生态环境的压力，加快生态贫困地区居民的致富进程。例如，榆林地区在退耕还林还草的过程中，通过专家筛选和最佳实践形成了可推广的技术方案，并无偿向当地居民传授经验（刘桂环等，2017）。

（2）市场主导

在生态产品购买中发挥市场机制的作用，有利于反映生态产品的稀缺程度，降低制度的运行成本。市场上购买的主体包括从事各类生态管理和治理的生产者，政府、企业、社会组织、个人等生态产品的购买者；购买的客体是碳汇、水资源等生态产品。市场主导的方式包括了产权交易市场、一对一交易、生态标记等多种形式（中国生态补偿机制与政策研究课题组，2007）。①产权市场交易，例如我国在2011年10月批准了在我国七个省市开展的碳排放权交易试点，企业可以在交易平台上购买或卖出碳排放配额来进行灵活性减排。②一对一交易，当市场上存在较少的潜在买卖双方时，可以通过买卖双方谈判约定的方式进行交易，例如渭河流域下游的陕西省向上游的甘肃天水、定西两市支付300万元用于水质保护活动。③生态标记，通过生态标记区分环境友好型产品与其他产品来奖励为生态保护做出贡献的产品与服务，并引导大众购买生态标记产品来为生态产品付费。类似的做法包括欧盟的生态标签制度，我国的区域生态认证制度。④押金返还制，是指消费者购买可能产生生态问题的产品时支付一定的押金并在按要求妥善处理使用后的产品后获得押金退还，类似的做法包括毛里求斯为了应对城市固体废弃物回收的挑战而颁布了一项关于塑料瓶回收的条例，规定瓶装饮料公司必须使用押金返还制度来鼓励塑料瓶的回收。

2.4.3 生态产品购买的监管政策

生态产品购买制度的建立需要一套行之有效的监管体系来保障产品交易双

方的权益，维护交易的秩序，促进生态产品购买的顺利实现。目前，我国关于生态产品购买方面的监管并不完善，此外在生态建设中存在着地方保护主义干预当地的生态保护工作，相关部门难以落实监督责任的现象。针对这一状况，一些学者进行了研究，例如，张百灵（2017）建议在碳汇交易方面由政府部门、市场监督机构和交易所成立碳交易的三级监管体制，以便于对碳汇交易的各个环节进行监管；乔世明（2014）建议借鉴国际经验，通过中央直接在地方部署生态保护的直辖机构来克服地方环境与部门保护的弊端，同时应当加强基层生态保护执法的监管权力。除此之外，在生态产品市场上，也应当完善市场监督管理，例如对生态标识进行认证、检验与信息披露，提供生态产品进入市场的便利通道；在管理体制上，也应当建立统一的监管体制，实现对生态产品购买制度的总体设计和统一领导，例如我国已经实施的生态保护方面的“大部制”改革，有利于将分散在不同部门的生态产品购买的监管力量进行整合，形成统一的监管机构。

2.5　研究框架

根据上述理论，本文在进行生态产品购买制度的研究过程中，首先需要厘清以下几个问题。

（1）生态产品生产的成本重要还是价值重要？一直以来，学术界将生态补偿机制的建立作为解决生态环境保护与经济发展矛盾的途径。但是从国内生态补偿实践来看，这种方式存在的操作问题十分突出。比如，补偿资金额度与生态产品提供多少、质量高低及提升生态产品生产能力的需求并不挂钩，因此造成生态补偿基金生态支付指向不明、生态补偿标准不清、生态补偿主体不明的现象普遍存在，严重影响了生态功能区生态建设，生态产品供给主体的积极性受到抑制。造成这一困境的主要原因是“补偿”——基于生态产品的成本，但是生态产品的成本不等于价值。而以生态产品的价值为基础，并构建价值实现的生态产品购买制度，就是重建反映市场供求关系、体现生态产品稀缺程度、实现生态产品价值的制度构架，有利于增加生态产品供给的积极性。此外，生态补偿更看重“补偿”，是对生态破坏行为进行惩罚性收费或是对生态环境维护者提供补偿，更多地表现为行政措施。但是，生态产品购买是以“两山”理论中体现的生态价值为出发点，承认生态产品的价值，强调发挥市场机制的作用。

（2）生态产品的价值如何评价？与生态产品本身一样，生态产品的价值也是多维度的复杂综合体，很难完全把生态产品的价值精确细分。生态产品具有使用价值和非使用价值，其中更是涉及文化、道德、伦理等各方面的内容。因而，对生态产品的价值进行完备的评估几乎是不可能完成的工作。运用不同的技术手段，采取不同的视角，评估结果也可能会大相径庭。所以当面对具体的研究问题时，我们可以适当地简化复杂问题，有针对性地选取某一种评估方法进行局部的评估。此外，只要明确价值是真实存在的，其估值准确程度并不是定价的唯一依据。购买价格是以价值为依附基础的，但也取决于供求双方之间的关系。价格可以在购买产生后的多次重复博弈过程中慢慢形成，而不是一开始就是准确合理的等价交换。所以本书主要探讨生态产品的购买问题，也就是市场的组织和购买行为的维护问题，从购买者感知的角度出发，讨论公众对生态产品的支付意愿，进而探讨生态产品所产生的总的社会福利效应。

（3）生态产品的产权如何界定明晰？关于生态产品产权的问题有许多研究从立法角度做过深入探讨。但是遗憾的是，还是由于生态产品构成的复杂和多样性，产权的界定也十分复杂。本研究在产权方面的基本观点是生态产品的产权归属是否清晰，并对购买制度的构建造成根本性的影响。只要产权是存在的，不论是公权还是私权，不论属于谁，都是神圣不能侵犯的，只要损害就应当赔偿。只要能够区分生态产品的所有权、经营权、收益权，就可以对应到具体的产品供给主体。主要主体能够平等地进入市场，通过购买就可以最终实现生态产品的价值。而且，公有权的产生是一种天赋人权，其远远先于生产过剩后才出现的私有产权。所以在购买制度中，不用过分强调区分生态产品的产权归属问题。

（4）购买如何实现？本书依据广义上的生态产品概念，对现有的生态产品做出完备的分类。对于不同种类的生态产品，根据其现有的交易方式，从购买方式的补充、购买主体的界定、购买行为的维护等多角度构建购买制度。政府购买与市场购买制度在我国已经进行了一段时间的实践，但政府购买存在诸如购买主体不清、购买标准不明确的问题。在市场购买过程中，生态产品价值难以估量，供需双方对价值的认同感不一，购买成功率不高，这造成了生态产品价值实现的困境并影响了生态产品的进一步供给。

鉴于以上思考，本书将尝试从生态产品价值出发构建生态产品的市场购买制度，研究框架如图2-8所示。基于广义上的生态产品概念，将生态产品分为私人生态产品、纯公共生态产品、公共池塘生态产品以及俱乐部生态产品，围绕着生态产品价值评估与价值实现这一中心进行研究内容的展开。图2-8中，生态产品的内涵与分类为其价值评估提供了精确的研究对象，价值理论的梳理为生态产品价值评估提供了理论依据，价值评估方法为不同类型的生态产品价值评估提供了规范的评估工具，价值评估的结论为生态产品购买制度的研究提供了实证依据，生态产品购买制度的具体构建是生态产品价值实现的方法和路径。

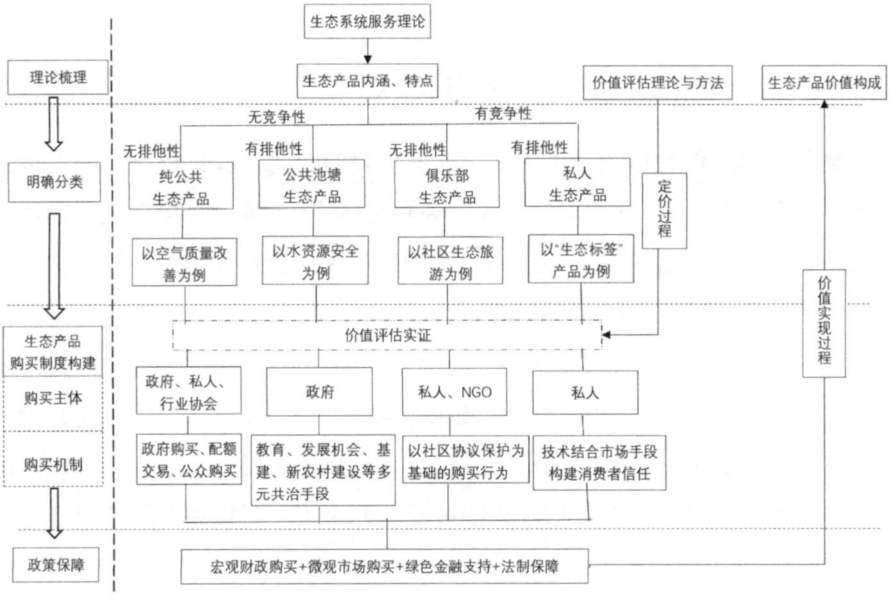

图2-8　研究框架图

三、纯公共生态产品的购买制度

3.1 纯公共生态产品的价值

3.1.1 纯公共生态产品的特点

纯公共物品作为市场经济中一个非常重要的概念，提供此产品的直接目的不是利润，而是为实现科学的合乎情理和法律的社会治理（刘佳丽和谢地，2015）。最早由萨缪尔森（Samuelson, 1954）在《公共支出的纯理论》一文中，用数学公式阐明了公共物品和私人物品的异同，其中公共物品指的是任何人消费此物品之后，不会导致他人消费数量的减少。萨缪尔森对公共物品的定义只考虑了产品的竞争性，在此基础上德姆塞茨（Demsetz, 1970）更加深入地辨析了非竞争性和非排他性这两个概念，更加准确地定义了公共物品和集体物品，认为“公共产品”是指不改变成本的前提下，可以增多新的消费者的物品。

纯公共生态产品是纯公共物品中的生态产品，作为一种产品同时凝结了人类劳动对生态环境的改善（刘佳丽和谢地，2015）。由于同时具有消费的非竞争性和非排他性，纯公共生态产品具有以下几个方面的特点。首先，从效用的角度来看，纯公共生态产品的效用具有不可分割的整体性。纯公共物品是向整个社会提供的，大家共同受益，联合消费，而不能将其分割为若干部分，分别归属于某些个人、家庭或企业。这类生态产品的总量消费和个体的消费之间是相等的，例如清新的空气、安静的环境等。其次，从供给的角度来看，纯公共物品的供给具有非竞争性。在给定的生产水平条件下，为另一个消费者提供这一物品所带来的边际成本为零；纯公共物品一经生产出来，提供给社会，社会成员一般没有选择的余地，只能接受，纯公共物品不是自由竞争品。比如清新的空气，在很大范围内消费者增加或减少一个人不会增加生态产品供给的成本。最后，从消费的角度来看，纯公共生态产品的消费具有非排他性。在技术上没有办法将拒绝为消费纯公共生态产品付款的个人、家庭或企业排除在纯公共物品的受益范围之外，某个人、家庭或企业对纯公共物品的享用不会也不能影响、妨碍其他人、家庭或企业同时享用纯公共物品。例如清洁的空气无法将任何区域内的个体排除在消费之外。从上述特点可以看出，纯公共生态产品的生产具有很强的外部性，因而政府在此类生态产品的供给与购买中发挥着举足轻重的作用（Elisabetta, 1999）。例如，空气质量的改善往往需要政府机构使用控制——命令的方式对污染企业进行监管。但也可以通过市场化的方式来实现纯公共生态产品的购买，例如碳汇制度、碳封存技术的应用能够在很大程度上缓解气候变化。

3.1.2 纯公共生态产品的价值构成

纯公共生态产品包括生态系统的文化服务、调节服务等。具体来说，在生态产品的谱系中，清洁空气、宜人气候、水土保持服务等均为纯公共物品特征，同时也是最重要的生态产品。纯公共物品中的生态产品的消费不具备排他性和竞争性，容易产生“搭便车”或“公地悲剧”等问题：一方面，需求主体为了自身利益的最大化，可能在使用纯公共物品中的生态产品后，选择逃避承担责任（如拒绝付费等），由此产生“搭便车”行为；另一方面，供给主体可能面临着正外部性无法内部化的成本风险或面临负外部性无须内部化的机会主义诱惑，前者使得具有正外部性的纯公共物品供给不足——如公益养林等，后者则使得负外部性的纯公共物品供给过剩——如过度伐木造纸和污水乱排等。

纯公共生态产品的价值，根据图2-7的分类方式，既包含使用价值又包含非使用价值，其经济价值具有多元性，体现在生态、伦理、政治、社会、文化、经济等多方面，主要谋求生态、社会、经济三大效益的协调统一。例如，城市某一区域生态环境的改善通常增加这一地区的地产价格，增加当地居民的幸福感与生活满意度，因而伴随产生了一定的经济效益和社会效益。生态效益主要表现为资源增加和环境改善，需要生态产品产出的量大于消耗的量，这关系到人类生存发展的根本和长远利益。社会效益是经济效益的前提，良好的生态产品能够满足社会需求，提升居民幸福感和满意度，推动社会实现稳定持续发展。生态环境的优劣对于经济的长期发展影响十分显著，增加物质资源储备、降低原材料成本，增加产品的产出和效率（丁宪浩，2010）。对纯公共生态产品价值评估，由于既包含使用价值又包含非使用价值，使用陈述偏好法能够反映全价值。此外，也可以通过显示偏好法（如地产价格代表的享乐价值评估）对使用价值进行评估。

3.1.3 纯公共生态产品的价值实现方式

生态产品价值实现，是通过多种政策工具的干预真实反映生态产品的价值，通过已有或新建的交易机制进行交易，实现外部性的内部化，建立“绿水青山”向“金山银山”转化的长效机制（王夏晖等，2020）。通过计算相关生态产品价值，界定产权的归属，明晰价值转化形式以及健全相关的法律制度来实现生态产品价值的实现机制（陈光炬，2020）。目前，纯公共产品中的生态产品主要由政府供给，其价值实现途径主要是税收和转移支付、生态补偿以及政府购买等财政手段。但是，由于市场机制具有更高的效率和交易成本，在实践和理论层面上也在不断地探索价值实现的市场购买方式，例如排污权交易以及绿色金融等生态许可交易方式。

（1）税收和转移支付

纯公共产品中的生态产品价值实现过程就是将外部成本内部化的过程，通过政府和市场“两只手”来实现生态产品价值。政府借助行政权力、市场交易和社会动员来实现纯公共生态产品的有效提供，在长期内增强社会福祉和人们的主观幸福感。此外，中央政府和地方政府在不同尺度的纯公共生态产品

（如全国层面和地区层面）的提供方面有着不同的参与程度，但都采用了各类惩罚性的税收政策和奖励性的补偿政策来将这类生态产品存在的外部性进行内部化。

（2）生态补偿

生态补偿作为一种多见的生态产品价值实现机制，以保护环境、促进人与自然和谐共生为目的，政府通过财政措施，例如转移支付等方式，建设完善大气、水流、森林等区域的生态补偿机制，用于致力于保护生态环境的相关组织和个人的激励，也可在受益区或者生态保护区由地方政府主导，根据市场情况进行相关的经济补偿（刘桂环等，2019；周一虹和芦海燕，2020）。针对不同类型的生态区，政府可以通过转移支付、赎买、置换、合同外包等不同方式购买生态服务，从而实现生态产品价值（陈辞，2014）。

（3）政府购买

政府使用在税收、转移支付和生态补偿等方面得到的资金，利用财政手段在由于生态环境改变的受益者和受害者之间进行转移，实现生态产品的价值。2018年，中央一号文件指出，支持地方政府在重点生态区域实行商品林赎买制度，研究设立生态产品市场购买等市场化机制。由于生态产品的公共物品属性、产权不清晰以及目前相关法律和交易制度的不健全，政府购买的顶层设计和实施还存在着一些问题。但是政府生态购买作为推进生态产品供给的重要制度创新，具有先进性和有效性，应当进一步以《政府采购法》为核心，健全政府生态购买的相关法律制度。清晰自然资源的权责边界，创新生态购买实现方式，例如可以通过生态国债、生态彩票来实现市场融资。面对可能存在生态购买中的权力寻租和不正当竞争，要进一步优化政府生态购买程序，加强监管和约束机制建设（丘水林，2018）。

（4）生态许可交易

生态许可交易将公共生态产品通过市场交易的方式，实现商品化，进而实现其自身价值的方式。生态许可交易的前提是划定一定量的生态红线以保证最基本的生态产品供应水平，通过产权界定和建立市场交易平台来将复杂的公共物品交易转化为简单的产权交易。在进行产权赋能、赋利之后，生态交易许可成为可抵押、可融资的生态资产,从而间接地将生态产品的非市场价值转化成市场价值，比如排污权交易、碳汇交易、水权交易等（范振林，2020）。例如，美国的生态许可交易制度具有悠久的历史并且取得了很多成功的经验，例如铅排放交易制度、二氧化硫排放交易制度，澳大利亚的水权制度也效果显著，京都议定书更是成为了生态许可交易制度的国际典范（杨晓萌，2009）。在我国，甘肃省石羊河流域和黑河流域，通过水票制度向农户进行灌溉用水的赋权并建立用水协会之间水权交易的网上平台来对水权进行交易，从而实现农业灌溉用水供需的市场化调节机制，实现了对水资源的高效利用和有效配置（王夏晖等，2020）。

（5）绿色金融

针对生态产品的非排他性、非竞争性和难以界定受益主体等特征，通过引导和激励利益相关方对生态产品进行交易，能够实现资源和资金互补，包括绿色信贷、生态效益债券和生态银行等金融产品，土地承包经营权、农村集体资产所有权抵押融资模式等（王夏晖等，2020）。例如，福建省顺昌县的国有林场进行了绿色金融的改革，将林业资源转变为能够产生项目收益和能够进行抵押贷款的资产，实现青山变“银行”、林农变“储户”、资源变“资金”。

3.1.4 纯公共生态产品的价值实现困境

纯公共物品中的生态产品，例如清洁空气、气候调节和生物多样性等，由于其产权界定不清晰、受益主体不明确，政府作为购买机制中的重要参与者虽然能够发挥资金优势和规模优势（Wunder, 2005），但由于较高的交易成本而难以完全发挥出生态产品的全部价值（Engel et al., 2008）。2018年，习近平总书记明确要求长江经济带要开展生态产品价值实现机制试点，探索政府主导、企业和社会各界参与、市场化运作、可持续的生态产品价值实现路径，这表明我国开始探索通过多元化的方式来实现生态产品价值。

纯公共生态产品的价格也是由产品本身所具有的价值决定的，并且受到供求关系的影响。纯公共生态产品价格往往是通过税收决定的，个人愿意为纯公共物品所支付的价格反映在其消费各类产品所缴纳的税收上。当政府以一定价格提供一定数量的纯公共产品时，供求平衡则政府供给的纯公共产品有效、效率最优，此时对纯公共生态产品进行消费的个体自觉按照获得的边际收益承担相应的成本。但是在实际生活中，纯公共生态产品的边际效用往往难以精确计量，同时个体也可能由于搭便车心理压低自己真实的效用，但是他所享受的纯公共生态产品的量与其他人并没有明显的差异，这种导致纯公共生态产品的实际供给低于最优水平。在供给一侧，虽然政府通过购买实现纯公共生态产品的供给，但是地方政府和中央政府作为经济人行为不一致时，也会对纯公共生态产品的供给和定价产生影响。因此，现有的以政府为主导的纯公共物品中生态产品的购买制度不能完全实现其价值，需要进一步进行市场化探索。

因此，纯公共生态产品的价值实现过程中，政府或者企业等经济主体的活动将会产生大量的外部性，而受益者的广泛性和搭便车心理对相关的生态产品供给产生了抑制作用，导致了纯公共生态产品的实际供给低于最优水平，影响了供给积极性。鉴于此，以下将以空气质量改善为例，对纯公共生态产品购买制度进行研究。通过对空气质量这一典型的纯公共生态产品进行价值评估，探讨纯公共生态产品市场购买机制的构建，为纯公共生态产品的多元化价值实现提供一些思路。

3.2　空气质量改善的价值评估

3.2.1　背景介绍

空气属于公共物品，具有公共属性和非排他性（王玮瑶，2017）。随着我国经济建设的发展和居民生活水平的提高，公众日益增强的环境保护需求与严峻的大气污染形势之间形成了尖锐的矛盾，优良天气的稀缺性日益凸显。为切实改善空气质量，中央财政在2013—2015年分别安排了50亿、98亿、106亿元的专项资金推进大气污染防治工作；“十三五规划纲要”更是明确提出“制定城市空气质量达标计划，严格落实约束性指标，到2020年地级及以上城市重度污染天数减少25%”。从财政资金使用效益最大化的原则出发，空气质量达标计划的制定需要公众支持。因此，空气质量作为一种生态产品具有稀缺性，对其进行价值评估能够反映良好空气质量的稀缺性，有助于政策制定的成本效益分析，为我国的生态文明建设提供重要的实证依据。

良好的空气质量不仅关乎公众的身体健康、活动出行等日常生活，还为人们提供包括心理和美学等精神上的舒适感（黄德生，2013），是兼具使用价值和非使用价值的公共物品。为了实现对空气质量改善的评价，需要使用基于陈述偏好的价值评估方法（Adamowicz & Louviere, 1998；Kosenius, 2010）。条件价值评估（Contingent Valuation，CV）是应用最为广泛的SP方法，在空气质量价值评估方面已经有大量的实证研究，例如：Chestnut & Dennis（1997）的研究表明，1990年美国《清洁空气法案》中新增的酸雨控制条款，将能够使美国东部城市的社会福利增加23亿美元；黄德生（2013）估计了北京市大气能见度改善的经济价值，为每人每年363元~576元；而Sun et al.（2016）基于对我国30个省份的调研，得出PM2.5浓度降低的经济价值为每人每年1590元。基于CV的研究测算了大气污染防治带来的某个（例如能见度、PM2.5）或某些（例如身体健康、植物生长）方面改善的福利效应，并成为各国法律法规制定的重要参考，证明了CV在空气质量价值测算中的适用性。但现阶段，社会公众关注的焦点是每天的空气质量等级，政府大气污染防治规划往往也将优良天数的比率、重度和严重污染天数作为关键性的工作指标。因而将不同类别空气质量作为价值评估的指标，将能够为政策制定提供更具针对性和可操作性的指导。少量的文献使用选择实验（Choice Experiment，CE）对空气质量价值评估，如Rizzi et al.（2014）在智利圣地亚哥和Yoo et al.（2008）在韩国首尔的研究。他们从大气能见度、身体健康两个方面评估了大气污染防治的货币价值。

作为SP方法的代表，CV能够直接对特定的一种情景进行价值评估，往往被用于评估政策的整体福利效应（Dachary-Bernard & Rambonilaza, 2012）；CE可以对变化的情景进行评估，能够帮助政策制定者更好地理解每一个非市场指标的货币价值。在对空气质量改善的价值评估中，本书将同时使用两种方法评估空气质量改善的经济价值，为我国资源资产价值核算提供更为可靠的数据支撑。

CV一般包括两个选择情景：目标年份，在没有公共政策干预条件下的环境状态和需要被试者参与支付（或受偿）的假想环境状态。假想情景描述了推荐的管理政策及其特定的生态结果。CV从形式上分为连续型（开放式、支付卡式）和离散型（单/双边界二分式）两类，其中支付卡式（Payment Card，PC）CV被认为很好地模拟了现实的购物过程，既结合了开放式（获得WTP点估计）和二分式（减少认知负担）的优势，又能够减少评估的起点偏差（Kallas et al., 2007；Ryan & Watson, 2010），在空气质量价值评估方面有着丰富的应用（Ready & Dubourg, 2001）。但是，在比较支付卡式CV与其他方法（如离散型CV或CE）价值评估结果的差异时，我们需要区分这一差异是来自于评价方法本身，还是来自于数据处理过程中理论假设的不同，由不同的理论假设得到的价值评估结果并不具有可比性（Hanley et al.；Ryan & Watson, 2010）。为此，本书使用基于随机效用理论的点和区间数据模型（Mahieu et al., 2012）处理支付卡式数据，实现了对不同方法价值评估结果差异的检验。

CE基于随机效用理论，相对于CV是前沿的环境价值评估方法（Christie & Azevedo, 2009），其优势主要在于能够对整体不同部分的隐含价格进行估计和更好地被用于效益转移的分析，因而对政策制定者具有更高的参考价值（Hanley et al., 1998；Christie & Azevedo, 2009）。但同时，CE也被Carson & Groves（2007）批评由于较多的选项而可能会产生激励不相容的问题。CE在近十年发展迅速，问卷的设计和估计的方法也越来越严谨，以更为科学地计量环境物品的价值，如模型设定从Logit模型进展到广义极值、潜在类别Logit、随机参数Logit（Random Parameter Logit，RPL）、广义多项式Logit模型（Train, 2009；Fiebig et al., 2010），基本假定被不断放宽；效用函数的形式也从需要对隐含价格进行二次计算的“偏好形式（preference-space）”，发展到“支付意愿形式（WTP-space）”（Scarpa et al., 2008）。本文对CE数据的处理使用了更为严谨的计量方法——“支付意愿形式”的RPL（Scarpa et al., 2008；Johnston et al., 2016），既能够纳入公众对生态产品的异质性偏好，又能够直接对隐含价格的分布进行假定和计算，在国内资源环境价值评估的研究中尚属首次。

3.2.2　实证设计

（1）价值评估问卷的设计

为减少由假想情景带来的偏差，基于研究地点的问卷设计尤为重要。本书选取陕西省西安市（图3-1）进行了研究。西安市是全国率先提出并实施治污减霾工作的典型重点城市（董军，2015），自2012年制定《西安市全面提升环境空气质量工作规划（2012—2020年）》以来，每年发布一次《治污减霾工作实施方案》以深化空气污染综合治理，以争在全国74个重点城市的空气质量排名中继续争先进位。2013年至2015年期间，西安市财政累计投入资金75.6亿元用于推进大气污染的防治，优良空气质量天数从138天增加至251天，在全国74个重点城市空气质量的排名也从倒数第8名稳定地退出后20名，社会福祉有了显著的提升。

图3-1　西安市大气污染防治实践的针对区域

针对西安市大气污染防治的实践设计的调查问卷包括四部分内容：第一部分为热身问题，在展示调研目的和空气污染可能的影响彩图后，受访者填写了对空气质量认知的选择题。第二部分为小册子，使用彩色图片依次展示了不同类别的空气质量及其概念，西安市空气质量的过去、现状和未来，以及对支付工具的说明，以助于受访者在接下来的调查中处于信息充分状态。第三部分为价值评估问题，受访者依次回答1个CV问题和3个CE问题，避免了CV选择过程中可能会出现的锚定偏差。第四部分为基本情况，包括个人和家庭基本情况，受访者对答题过程的自我评价，调研员对受访者的评价。调查问卷的设计历时一年，由作者所在团队、陕西省环保厅和西安市城镇居民共同参与完成，问卷设计中尽可能地使用彩色图片替代文字，模拟真实的生活场景，提供无偏倚的信息，让受访者充分了解大气污染防治的影响。以下主要是对价值评估问卷的核心——价值评估问题（图3-2）的说明。

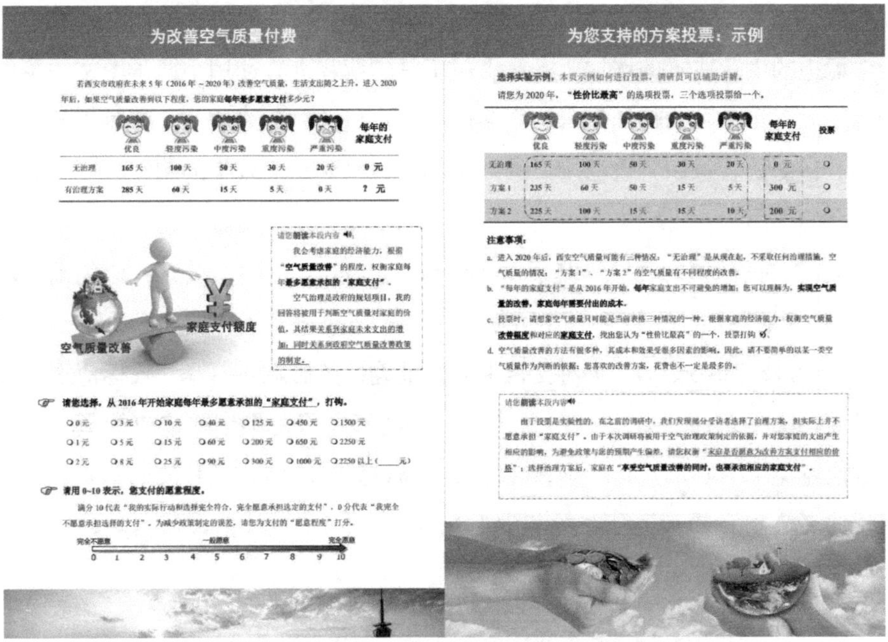

图3–2　支付卡式条件价值评估问题（左侧）和选择实验示例（右侧）

（2）条件价值评估的设计

现阶段，政府和公众往往将优良空气质量整体看待，因此作者依据国家环境空气质量指数（Air Quality Index，AQI）技术规定（2012），设定了5类空气质量指标[①]，分别是优良（AQI_{12}）、轻度污染（AQI_3）、中度污染（AQI_4）、

① 国家环境空气质量指数技术规定根据AQI指数将空气质量分为六类，分别是优（绿色）、良（黄色）、轻度污染（橙色）、中度污染（红色）、重度污染（紫色）、严重污染（褐红色），描述了不同类别空气质量对公众健康的影响和建议公众采取的措施。

重度污染（AQI_5）和严重污染（AQI_6）。指标的定义、对健康的影响和建议采取的措施参照相应的国家标准，并在小册子中展示了西安市标志性建筑（大雁塔、城墙、钟楼）在不同空气质量情况下拍摄的照片。AQI指标的取值是以5年（2016—2020年）作为价值评估的研究时期，结合了陕西省环保厅的规划和大气物理学专家的估算：若5年内没有任何大气污染防治措施（即无治理），AQI指标在2020年的预测值如“无治理”方案所示；同样地，“有治理方案”是当西安市持续改善空气质量，加大大气污染治理力度，AQI指标在2020年的预测值。小册子中还包括1个支付指标，指“由于空气质量改善，家庭愿意和能够承担的生活成本的增加”。在支付工具的解释上，使用小册子图文并茂地展示了大气污染防治将如何影响生活用品的价格，并最终增加家庭每年的生活成本，让受访者意识到自己投票的结果不仅关系到政府政策的制定，还将会影响家庭的支出。

支付卡投标值的确定是基于Rowe et al.（1996）的研究结论，避免了“范围偏差（Range Bias）”和“中心偏差（Centering Bias）”两类最重要的偏差（Mitchell & Carson, 1989）对支付卡方式准确性的影响：一是，投标值之间的差异遵循韦伯定律，公式（3.1）所示，既能够弱化范围偏差造成的影响，又有效地避免了中心偏差；二是，在西安市通过焦点小组讨论和前期调研，在了解受访者支付意愿大致分布的基础上，设定k=1.5，投标值仅保留整数位以减少受访者的认知负担。

$$B_n - B_{n-1} = k \times B_{n-1}；\; B_n = B_1 \times (1+k)^{n-1} \tag{3.1}$$

为保障回答的有效性，问卷使用廉价协商校准（见图3-2，“朗读本段内容”）和确定性校准（见图3-2，“支付的愿意程度”），在后续分析中只有支付愿意程度高于5的样本才被视为有效样本（Lehtonen et al., 2003），用于减少回答过程中出现的假想偏差。

（3）选择实验的设计

CE的实验设计是所有指标不同水平的组合生成选择集的过程。为保证CV和CE评估对象的一致性，CE使用了与CV相同的指标集，包括5个AQI指标和1个支付指标。AQI指标最差状态值（表1中，加粗数字所示）和最佳状态值分别对应于CV中AQI指标在“无治理”和“有治理方案”中的预测值。进一步，在西安市城镇居民的参与下，通过多次焦点小组讨论和支付意愿测试，观察和讨论被试者对指标值变动的敏感程度，合理设定了支付意愿指标的最大值以及6个价值评估指标不同的水平值（表3.1）。

表3.1　大气污染防治价值评估的指标及其水平

空气质量类别	 优良	 轻度污染	 中度污染	 重度污染	 严重污染	每年的家庭支付
指标	AQI_{12}	AQI_3	AQI_4	AQI_5	AQI_5	Payment
水平	**165天；** ——	**100天；** 60天	**50天；** 15天	**30天；** 15/5天	**20天；** 10/5/0天	**0元；** 100/200/300/400元

注：为便于对比设定每年有365天，即$365=AQI_{12}+AQI_3+AQI_4+AQI_5+AQI_6$，因此优良天数的水平随其他4类空气质量天数的变化而变化，加黑部分的指标水平为基准水平。

为避免由于选项过多而产生的激励不兼容问题和受访者过重的认知负担（Hoyos，2010），本文的选择集共有3个选项（图3-2）：无治理选项预测了没有治理资金投入的条件下，目标年份（2020年）多指标水平值的组合；2个改善选项，在不同的政策强度下，目标年份多指标水平值的组合。根据表1中指标及其水平的个数可知，改善1和改善2所有可能的组合有$(2^2\times3\times4\times5)^2=57\ 600$个。全实验形成的选择集数量过多，因此本文使用软件“Ngene 1.1.1”进行了有效实验设计（Efficient Designs）（Rose & Bliemer，2009）①，包含三个选择情景的36个选择集，这些选择集同时被分为12组，得到了实验设计有效性的D误差为0.000 12，A误差为0.000 51（Scarpa & Rose，2008）。有效实验设计对选择集的生成和分组进行了优化，得到12个版本的CE问卷，每份问卷要求受访者进行3次独立的投票，每次投票均要求受访者根据家庭情况在3个选项中投票给“性价比最高”的一个。

① 相对于正交实验设计（Orthogonal Designs）和最优正交实验设计（Optimal Orthogonal Designs），有效实验设计不仅能最小化数据之间的交互关系，而且还可以有效利用待估参数的先验信息（如系数的正负、分布等），通过预测的渐进方差协方差矩阵，最小化参数估计的标准误。

除了在投票前后使用廉价协商校准和确定性校准外，CE还设置了重复性投票题项，用于去除投票不稳定的样本①。在问卷的最后要求支付意愿一直为0元的受访者选择“零支付”原因，用于去除存在抗议性偏差的样本；增加了受访者自我评价和调研员评价②，用于去除存在信息偏差、策略偏差和假想偏差的样本。问卷初稿完成后，在西安市进行了两次试调研，并与受访者讨论问卷所提供的信息是否明确和简洁，在此基础上进一步完善或简化了问卷所提供的信息。

3.2.3 计量模型

CE分析中，因变量是基于受访者投票的离散数据，本书建立了基于随机效用理论（Train, 2009）的离散选择模型对CE数据进行分析。因而，对CV数据的分析也使用了基于随机效用理论的点和区间数据模型（Hanemann, 1984; Mahieu et al., 2012）。

（1）点和区间数据模型

受访者n在CV问卷中勾选或填写每年最多愿意承担的“家庭支付”（记为X_n），其真实的支付意愿（记为W_n）将存在三种情况：（a）若$X_n \in$ [1元，1500元]，W_n位于投标值X_n和下一个投标值（记为Y_n）之间，为区间数据；（b）若$X_n = 0$元，W_n可能低于或等于0元，为左截尾数据；（c）若$X_n \geqslant 2250$元，受访者将被要求给出确切的最大支付（记为Z_n），W_n等于Z_n，为点数据。假定W_n服从均值和标准差分别为μ、σ的正态分布，对总体WTP的估计是包含区间数据、左截尾数据和点数据的概率模型，此时样本的对数似然函数可以表示为：

---

① CE的重复性投票题项是指，每页包括一个包含3个选项的投票（自由选择）和仅包含2个改善选项（强制选择）后续问题。假如被试者在自由选择中投票给了改善方案（如方案1），而在强制选择中投票给了不同的方案（方案2），意味着被试者不能理解问卷假设情景。

② 受访者需要填写自己对问卷的理解程度、答题的认真程度、能否代表整个家庭的意愿，按照5级量表打分。调研员会对受访者对问卷的理解力、配合程度、是否匆忙、答题动机，按照3级量表打分。

$$\log L = \sum_{1}^{N} \left\{ I_i^a \log \left[\Phi\left(\frac{Y_n-\mu}{\sigma}\right) - \Phi\left(\frac{X_n-\mu}{\sigma}\right)\right] + I_i^b \log\left[1-\Phi\left(\frac{X_n-\mu}{\sigma}\right)\right] + I_i^c\left[-\log\sigma + \log\varphi\left(\frac{Z_n-\mu}{\sigma}\right)\right]\right\} \quad (3.2)$$

其中，对数似然函数的第一项来自于区间概率模型，第二、三项类似于基本的Tobit模型。示性函数I_i^a、I_i^b、I_i^c 把对数似然函数分为三个部分，分别对应于上述（a）、（b）、（c）三个条件，当对应的条件成立时取值为1，否则为0；Φ、φ分别是标准正态分布的累积密度函数和概率密度函数。

（2）包含线性约束的RPL模型

RPL模型将一定生态情景m下，个体n的效用（U_{nm}）记为（Trains，2009）：

$$U_{nm} = V_{nm}(\boldsymbol{\beta}_{\boldsymbol{n}}) + \varepsilon_{nm} \quad (3.3)$$

其中，$V_{nm}(\boldsymbol{\beta}_n)$是基于参数 $\boldsymbol{\beta}_n$ 的效用函数中可观测部分，称为代表效用，通常是线性的形式（Hoyos, 2010）；ε_{nm}是不可观测的随机效用，其概率密度函数记为$f(\varepsilon)$，随机效用ε_{nm}的分布体现了个体非理性部分对效用函数的影响。当$f(\varepsilon)$是Gumbel分布时，个体在所有生态情景$\mathbf{J}$中选择m而不选择其他j（$j\in\mathbf{J}$且$\forall j\neq m$）的概率为（Trains, 2009）：

$$P_{nm} = \mathrm{Prob}(V_{nm} + \varepsilon_{nm} > V_{nj} + \varepsilon_{nj}) = \int \left(\frac{e^{V_{nm}(\boldsymbol{\beta})}}{\sum_J e^{V_{nj}(\boldsymbol{\beta})}}\right) f(\boldsymbol{\beta})\mathrm{d}\boldsymbol{\beta} \quad (3.4)$$

若$\boldsymbol{\beta}_n=\boldsymbol{\beta}$（即所有人对同一变量的偏好是相同的），此时$f(\beta)=1$，$P_{nm}$退化为标准的Logit概率，对应的选择模型被称为Logit模型；若 $f(\boldsymbol{\beta})$ 是连续型的概率密度函数（如正态分布），那么P_{nm}是基于权重 $f(\boldsymbol{\beta})$ 的标准Logit方程的加权平均，对应的选择模型被称为混合Logit模型，也被称为随机参数Logit（Random Parameter Logit，RPL）模型。RPL模型放宽了Logit模型中“无关备择选项的独立性（IIA）”的假定（Train, 2009），$\boldsymbol{\beta}$的取值不是固定的而是一个分布，揭示不同个体选择中存在的异质性①，从而使模型假设更贴近现实。

① 例如，家庭支付每变化1元，对个体x和y效用的边际影响分别为γ_x和γ_y。Logit模型假定每个被试者的边际效用是固定的，$\gamma_x=\gamma_y$；而Mixed Logit模型假定γ是位于Y轴右侧特定的分布。

使用线性的代表效用函数，一年内不同类别空气质量的天数之和是常量，因此本文构建以下计量模型：

$$V_{nm}(\beta_{\boldsymbol{n}}) = \beta_0(\text{ASC}) + \sum_{i=3}^{6}\beta_{ni}\text{AQI}_{im} + \beta_{n12}\left(365 - \sum_{i=3}^{6}\beta_{ni}\text{AQI}_{im}\right) + \beta_{np}(-P_m) \quad (3.5)$$

其中，情景m下，个体n的代表效用函数包括三个部分：ASC是特定备择常数（Alternative Specific Constant），当存在改善方案的情况下取值为1，否则为0，用于对比治理与否条件下基准效用的差异；AQI_{im}、$365-\Sigma_{i=3}^{6}\beta_{ni}\text{AQI}_{im}$ (i=3，4，5，6)是不同类别空气质量在一年内的天数；$-P_m$是不可避免的支出（即家庭支付）的相反数[①]；$\boldsymbol{\beta_n} = (\beta_0，\beta_{ni}，\beta_{n12}，\beta_{np})$ 是反映个体n偏好程度的参数。将式（5）进一步简化后，得到：

$$V_{nm}(\beta_{\boldsymbol{n}}) = \delta(\text{ASC}_0) + \sum_{i=3}^{6}\gamma_{ni}\text{AQI}_{im} + \beta_{np}(-P_m) \quad (3.6)$$

其中，ASC_0是再定义的虚拟变量，仍是特定备择常数，含义未发生变化；$\gamma_{ni}=\beta_{ni}-\beta_{n12}$，不同于$\beta_{ni}$经济学含义为$i$类空气质量对个体$n$的边际效用，$\gamma_{ni}$含义为$\text{AQI}_{im}$转变为优良天气对个体$n$效用的边际影响。$\text{ASC}_0$、$\text{AQI}_{im}$相对于支付指标$-P_m$的边际替代率，即隐含价格，可以表示为$\omega_{n0}=\delta/\beta_{np}$，$\omega_{ni}=\gamma_{ni}/\beta_{np}$。由于在CV中假定了WTP服从正态分布，相应地在CE中ω_{ni}的分布也被假定为正态分布。基于此，式（6）可以表述为：

$$V_{nm}(\beta_{\boldsymbol{n}}) = \beta_{np}\omega_0(\text{ASC}_0) + \sum_{i=3}^{6}\beta_{np}\omega_{ni}\text{AQI}_{im} + \beta_{np}(-P_m) \quad (3.7)$$

$$V_{nm}(\beta_{\boldsymbol{n}}) = \beta_{np}\left[-P_m + \omega_0(\text{ASC}_0) + \sum_{i=3}^{6}(\omega_{ni}\text{AQI}_{im})\right] \quad (3.8)$$

式（8）被称为“支付意愿形式（WTP-space）”的RPL，对比式（6）“偏好形式（preference-space）”的RPL最大的不同在于对参数分布的假定

① 支出对效用影响是负的，因而在效用函数中使用支付意愿的相反数，是为了便于将其参数分布设定为正值的分布，如对数正态分布、单边三角分布、Rayleigh分布等（Hensher & Greene，2003），以合理地反映人们对支出负的偏好。

（Scarpa et al., 2008）。式（6）在估计过程中需要假定$\boldsymbol{\beta}_{\boldsymbol{n}}=(\delta，\gamma_{ni}，\beta_{np})$的分布形式，并在此基础上计算隐含价格；式（8）则直接对隐含价格（ω_{ni}）和β_{np}在总体中分布进行假定和估计。使用“支付意愿形式”的RPL不仅保持了WTP的分布在CV、CE数据处理过程中的一致性，而且避免了“偏好形式”在隐含价格的二次计算过程中出现的无穷矩阵、重尾分布等缺陷①。

3.2.4 实证结果

（1）样本特征

为保证数据质量，本书调研对象为西安市城区的城镇常住居民②。正式调研前，对调研员进行了培训③，正式调研时间为2016年1月，项目团队采用配额抽样和滚雪球抽样相结合的方法，以确保样本的代表性。调研发放问卷250份，回收信息完整的问卷196份，根据有效性保障问题剔除了无效问卷④，得到有效问卷149份，问卷整体有效率为59.6%，相对于回收问卷的有效率为76.0%，样本特征的描述性统计分析见表3.2。

---

① 支付变量的边际效用（即β_{np}）为随机参数时，使用许多常用的分布形式（如单边三角分布），得到WTP的估计是无穷矩阵；而使用能够得到有限矩阵估计结果的分布形式时，往往又会给分析过程带来其他方面的挑战，如对数正态分布的重尾效应导致WTP的估计结果产生大量离群值，详见Johnston et al.（2016）对这一问题的讨论。

② 调研对象选取的依据是：该区域为空气质量监测点所在区域，因而数据更具有针对性；在预调研中发现，农村居民对CE的理解力不足，所选区域的调研结果更加真实可靠；尽管会影响到价值评估结果的适用范围，但不影响CE和CV差异对比的结果。

③ 6位调研员在此之前均有CE问卷调研的经历，并被要求严格遵守统一的调研流程，如：出示调研卡和介绍信，给予受访者充分的时间阅读问卷，不允许过度阐述问卷的内容，保持一致的措辞。

④ 196份问卷中，CV和CM支付愿意程度低于6的有22份，存在抗议性支付的有4份，自评较差的有2份、调研员评价较差的有4份，投票不稳定的有21份。由不同筛选标准所剔除的样本存在交叠，共剔除了47份问卷。

表3.2　样本特征的描述性统计分析（样本量=149）

问题	选项（赋值）	1(%)	2(%)	3(%)	4(%)
是否了解空气污染的影响	1. 很清楚；2. 稍微了解；3. 不了解	47.7	51.0	1.3	—
是否了解形成空气污染的原因	1. 很清楚；2. 稍微了解；3. 不了解	32.9	61.7	5.4	—
是否在意空气质量	1. 特别在意；2. 在意；3. 一般；4. 不在意	35.6	59.1	4.7	0.7
是否关注空气质量(如通过新闻、网络、手机软件等)	1. 随时都关注；2. 只关注重点消息；3. 偶尔关注；4. 不关注	31.5	48.3	20.1	0.0
对西安现在空气质量满意么	1. 满意；2. 一般；3. 不满意	0.7	34.2	65.1	—
每周的户外活动时间/小时	1. 少于10；2. 10~30；3. 30~50；4. 大于50	33.6	38.3	17.4	10.7
日常最主要的交通工具	1. 步行；2. 自行车/电动车/摩托车；3. 公共交通；4. 私家车/打车	22.1	8.1	49.7	19.5
对“先发展，再治理”的想法	1. 不同意；2. 无所谓；3. 同意	75.8	6.0	18.1	—
受访者性别	1. 男性；2. 女性	51.7	48.3	—	—
受访者年龄/岁	1. <25；2. 25~34；3. 35~44；4. >44	22.1	50.3	16.1	11.4
受访者受教育程度	1. 初中及以下；2. 高中/中专/技校；3. 大专/本科；4. 硕士及以上	12.1	18.1	59.7	10.1
家庭人口数/人	1. 1~2；2. 3~4；3. 5~6；4. 7~8	4.0	56.4	38.3	1.3
家庭健康受空气污染的影响	1. 没有；2. 轻度；3. 中度；4. 重度	4.7	46.3	38.9	10.1
家庭的年均损失（元）	1. <50；2. 100~300；3. 300~1000；4. >1000	8.7	40.9	36.2	14.1
2015年，家庭年收入（万元）	1. 低于6；2. 6~12；3. 12~18；4. 18以上	34.2	34.2	14.8	16.8

注：“—”表示不存在该选项。部分问题和选项赋值是对问卷中相应文字的概括性表述，如问卷中家庭年收入的选项范围是0—30万，步长为3的等距分组。“家庭年均损失”包括购买口罩、空气净化器等，该问题位于问卷的第四部分，防止被试者过于关注使用价值，而导致在第三部分出现锚定偏差。

受访者中男性的比例为51.7%，平均年龄30.8岁，约70%的受访者拥有大专及以上学历。相对于西安市整体的人口特征，受访者偏高学历、年轻化，是由于这一群体能够更好地理解问卷中的信息，问卷反馈率和有效率较高。受访者家庭人口以3至5人为主（占82.5%），劳动力数量以2至4人为主（占88.6%），有一半以上的家庭收入在12万元以下（占68.4%），与《西安市统计年鉴2016》中的相关信息接近。由此可见，受访者的个体特征能够保障获取数据的有效性，家庭特征能够保障研究结论的代表性。

受访者对空气污染的影响和产生的原因均有所了解，普遍在意和关注空气质量，多数不满意西安市当前的空气质量。日常生活中，受访者有71.9%每周的户外活动时间在30小时以内，30.2%的日常通勤完全暴露于户外空气中（步行、自行车、电动车和摩托车）。由于空气污染，分别有38.9%、10.1%的受访者声称家庭成员的健康（如：鼻炎、哮喘、心血管、皮肤）受到中度、重度影响；约一半的受访者家庭因购买口罩、空气净化器、治病等方面的年均支出在300元以上。在权衡“经济发展”和“环境治理”时，约3/4的受访者选择了“环境治理”，但同时也有约1/5的受访者选择“经济发展”。综合来看，人们普遍关注空气质量问题并对调研的环境物品有充分的认识，保障了价值评估结果的可靠性。

（2）条件价值评估结果

受访者在支付卡上的勾选结果，X_n的分布如图3-3所示。149个样本中，有5位受访者的支付为0，另外5位受访者的支付超出了最大标的值2250元，其中有2人选填了3000元，1人选填了3650元，2人选填了5000元。图3-3显示，随着支付卡数值的增大，标的值被选择的比例整体上表现出先升高后下降的趋势，被勾选比例最高的标的值为450元，被勾选比例次高的标的值为650元和1000元。

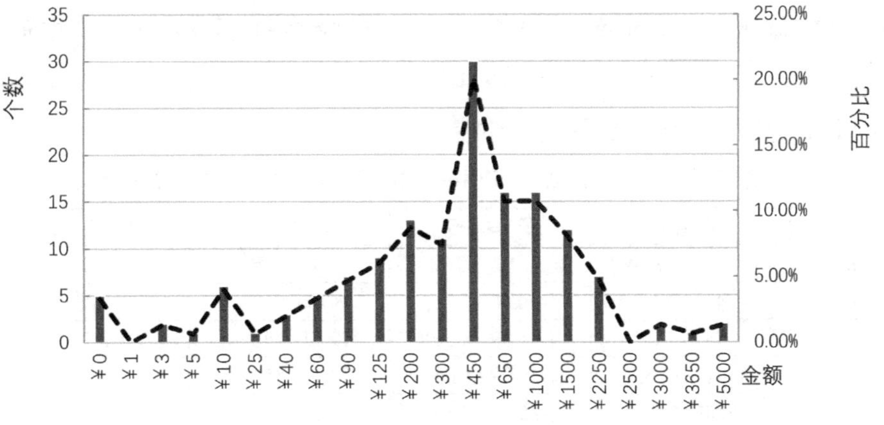

图3–3　支付卡形式CV的结果分布

使用Stata14.0对X_n和式（2）进行分析，得到的结果如表3.3所示。若同样地假定X_n服从正态分布，其均值为681.01元（准误为69.08元），在1%的水平下显著；标准差为843.19元，说明受访者的WTP存在较大的异质性；中位数为450元，小于且较为接近样本平均值，表明支付的分布合理（Rowe et al., 1996）。受访者的真实支付意愿（W_n），使用点和区间数据模型的对数极大似然值为–530.14，W_n的分布特征表明：每个城镇家庭平均每年愿意为“治理方案”支付768.35元；有80.54%的城镇居民愿意为防治大气污染付费，接近于对“先发展，再治理”持不同意和无所谓观点的比例。

表3.3　基于点和区间数据模型的CV价值评估结果（样本量=149）

变量	均值$\hat{\mu}$	$P_{\hat{\mu}}$=0.95	标准差 $\hat{\sigma}$	P(W_n >0)
X_n	681.01***(69.08)	[623.82, 912.87]	843.19	79.04%
W_n	768.35***(73.74)	[623.82, 912.87]	892.39***(53.30)	80.54%

注：括号内为参数估计的标准误；第3列为均值95%的置信区间；第5列为变量在Y轴右侧的累积概率分布；显著性水平* 代表p ≤ 0.10, ** 代表p ≤ 0.05, *** 代表p ≤ 0.01。

（3）选择实验评估结果

使用Stata14.0，对式（8）的估计结果如表3.4所示，模型整体通过了显著性检验。$-P_m$的系数服从对数正态分布，其参数估计结果是对Inβ_{np}均值和标准差的估计，据此得出β_{np}均值的点估计结果显著为0.0051（标准误，0.0078），支出的增加会降低效用水平；标准差不显著为0.0010（标准误，0.0020）。标准差不显著原因可能是一方面“支付意愿形式”RPL的异质性更多地由隐含价格的方差体现（Johnston et al., 2016），造成支付参数的变异不足；另一方面，价格的边际效用在总体中的分布非常集中，说明受大气污染的影响，西安市城市居民普遍愿意为空气质量的改善付费。

表3.4　基于“支付意愿形式”RPL模型的CE价值评估结果（样本量=149）

变量	均值$\hat{\mu}$	$P_{\hat{\mu}}$=0.95	标准差 $\hat{\sigma}$	P(W_n >0)
ω_{n0}	-519.14***(173.47)	[-859.13, -179.14]	（固定参数）	100%
ω_{n3}	-6.49***(2.13)	[-10.66, -2.32]	8.13***(2.93)	65.82%
ω_{n4}	-7.45***(2.01)	[-11.39, -3.50]	12.91***(4.23)	61.58%
ω_{n5}	-13.32***(3.55)	[-20.29, -6.35]	12.95***(5.00)	70.01%
ω_{n6}	-17.50***(4.77)	[-26.85, -8.14]	26.79***(9.19)	63.05%
Inβ_{np}	-5.31***(0.38)	[-6.05, -4.57]	0.20 (0.33)	100%
Log Likelihood			-324.88(12次迭代收敛)	
Wald chi2(11)			636.81***(自由度=11)	

注：括号内为参数估计的标准误；第3列为均值95%的置信区间；第5列为变量在Y轴左侧的累积概率分布；显著性水平* p ≤0.10, ** p ≤ 0.05, *** p ≤ 0.01。

固定参数ω_{n0}显著为负，即“无治理”的基准效用对受访者而言是负的，空气质量任何可能的改善都会提高受访者的效用。这意味着，部分受访者对摆脱“无治理”状态有着强烈的意愿，但并不清楚如何权衡不同指标对效用的影响。基于此，本文分别计算了包括和不包括截距项的补偿剩余，不包括截距项的补偿剩余仅基于AQI_i指标的变化，而未计入由ASC产生的禀赋效应，从而使得CE和CV价值评估结果的对比更为严谨，Adamowicz & Louviere（1998）在CE和CV的对比中也使用了类似的处理。

随机变量ω_{ni}的均值显著为负，表明优良天数的增加能够提高城镇家庭的总体效用水平。城镇家庭平均愿意为每单位轻度污染、中度污染、重度污染、严重污染天气转变为优良天气分别支付6.49元、7.45元、13.32元、17.50元，依次递增。这意味着空气污染越严重，对效用的边际影响也就越大，这与理论预期是相符的。同时，由于正态分布具有良好的统计性质，随机变量差的分布仍服从正态分布，其经济学含义为某类空气质量转变为另一类空气质量的边际价值，严重污染转变为轻度污染、中度污染、重度污染的边际价值分别为11.00元、10.05元、4.18元；重度污染转变为轻度污染、中度污染的边际价值分别为6.83元、5.87元；中度污染转变为轻度污染的边际价值为0.96元。这一结论不仅揭示了公众对不同类别空气质量评价的权重，而且能够为政策制定的成本收益分析提供针对性的指导。

随机变量ω_{ni}的标准差显著，说明城镇家庭对降低污染天数的支付意愿存在显著的异质性。由ω_{ni}服从正态分布可知，分别有65.82%、61.58%、70.01%和63.05%的城镇家庭对轻度污染、中度污染、重度污染、严重污染天气转变为优良天气有正的支付意愿；对应地，有一定比例城镇家庭的支付意愿为负。造成这一结果的原因可能是：相对于改善空气质量，一些城镇居民更关注经济的增长（如表3.2所示）；或是受访者愿意为降低某类空气污染天数，而放弃其他类污染天数的减少，体现了受访者投票时的权衡过程。这进一步验证了RPL模型的优越性，由于纳入了偏好的随机性特征，模型估计的结果更加稳健；并能够反映具有异质性的公众偏好在社会总体中的分布特征，对管理者有更高的参考价值。

3.2.5 价值评估结果

2020年空气质量改善到最优情景，即图3-2中CV“有治理方案”情景，使用CV可以直接获得单一情景补偿剩余（Compensating Surplus，CS）的估计，即支付意愿X_n、W_n。CE对补偿剩余的测算需要基于隐含价格和特定的情景变化，表达式为：

$$\omega_0 * 1 + \sum_{i=3}^{6} (\omega_{ni}\mathrm{AQI}_{i0}) = \omega_0 * D + \sum_{i=3}^{6} (\omega_{ni}\mathrm{AQI}_{i1}) - CS \quad (3.9)$$

公式3.9中，AQI_{i0}是没有防治措施（即“无治理”）情况下指标的取值；AQI_{i1}是空气质量改善后指标的取值，在此对应于CV“有治理方案”情景；D是虚拟变量；CS是以每个家庭平均每年的支付意愿表示的希克斯补偿剩余，即大气污染防治行动实施后社会福祉的增进。当D取值为0，可以计算得到（表3.5）西安市城镇居民在2016—2020年的5年期间，每个家庭每年愿意为此支付1722.45元（CE_1），95%的置信区间为1245.11元至2199.79元。当D取值为1，可以排除由截距项产生的禀赋效应，得到与CV可比的补偿剩余为1203.31元（CE_2）。

表3.5 西安市城镇居民希克斯补偿剩余的估计结果

评估方法	每户年补偿剩余/元		年补偿剩余/亿元		补偿剩余/亿元	
	均值	95%置信区间	均值	95%置信区间	均值	95%置信区间
CV_1（基于X_n）	681.01	[545.62, 816.40]	7.34	[5.88, 8.80]	168.81	[135.25, 202.37]
CV_2（基于W_n）	768.35	[623.82, 912.87]	8.29	[6.73, 9.84]	190.46	[154.64, 226.29]
CE_1（含截距项）	1722.45	[1245.11, 2199.79]	18.57	[13.43, 23.72]	426.97	[308.64, 545.29]
CE_2（无截距项）	1203.31	[868.27, 1538.35]	12.98	[9.36, 16.59]	298.28	[215.25, 381.33]

根据《西安市统计年鉴2016》，2015年末西安市的城镇家庭总户数为107.83万户，占全市城镇家庭户数的79.23%。使用一年期基准贷款利率4.35%作为折现率，计算得到的希克斯补偿剩余的均值和95%的置信区间如表3.5所示。由于理论基础不同，CV_1的结果不能直接与CE结果进行对比；使用CV_2与CE的结果进行对比，确保了估计结果的差异只来自于方法本身，而不是其他。CE_1相对于CE_2，结果中包含了由ASC产生的禀赋效应。如前所述，使用

推荐的CE_2和CV_2作为价值评估对比的依据，那么2020年西安市空气质量改善到285天的优良空气、60天的轻度污染、15天的中度污染、5天的重度污染和0天的严重污染，给城镇居民带来福利的增加，使用CV得到的平均补偿剩余为190.46亿元（2016年不变价格）；CE的平均补偿剩余为298.28亿元，高于CV均值的z统计量为28.52，在1%的置信水平下显著。

对比CV和CE在大气污染防治方面的应用，研究发现CE的价值评估结果显著高于支付卡式CV，这与Ryan & Watson（2010）在健康检查领域的结论是一致的。但本书与Ryan & Watson（2010）研究存在很大的区别，健康检查作为私人物品与本文中公共物品的价值评估存在很大差异；而且本书使用了更为严谨的数据处理方法，如摒弃了假设较强的Logit模型而使用了RPL，在统计上更具有说服力。CE价值评估的结果约为CV的1.5倍，这为公共政策实施的外部性测算和成本收益分析带来了挑战：使用哪种方法的结果更为准确?

首先，理论基础的不同可能会导致二者评估结果的差异。为此，我们基于随机效用理论计算了CV的价值评估结果，得到的CV_2比较于CV_1均值有了一定程度的提高，但仍显著低于CE的价值评估结果。此外，当受访者在CV中选择支付额度时，无论支付与否，都已经假定自己处于空气质量改善方案；而在CE中，一旦受访者的支付额度为0，将只能处于无治理方案。从表3.2可知，受访者对西安市现有空气质量普遍不满意，可以推测他们将希望空气质量得到任何可能的改善，而带来CE投票过程中的禀赋效应。由此，我们计算了不含截距项的CE结果，但CE_2仍显著高于CV_2的均值。理论基础的不同会导致CV和CE的结果存在较大差异，但除去由理论基础不同带来的差异后，CE的结果仍显著高于CV。

其次，根据心理学和社会学的相关理论，受访者在CE中容易出现“积极性回答（yea-saying）”的倾向（Ready & Hu，1996），即出于社会需要和道德满足等原因给出肯定性回答；而在连续型CV问卷中，受访者由于搭便车的心理而产生“策略性偏差”，特别是在公共物品的价值评估中，表现出偏低的支付意愿（Kealy & Turner，1993）。这一理论在调研数据中得到了验证：CV和CE中零支付的比例分别为3.36%、3.13%，拒绝支付的比例相近；但CV中支付额度小于100元（CE中的最小非零投标值）的比例为20.13%，远远高于

CE中3.13%的零支付比例，部分解释了CV和CE价值评估结果的差异。同时，有学者认为，“积极性回答”在CE中并不会造成特别严重的偏差（Hanley et al., 1998；Hanley et al., 1998），而搭便车心理会导致CV对真实价值严重低估（Ryan et al., 2004）。在这一点上，我们倾向于认为CE价值评估的结果更接近于真实的价值。

最后，“部分—整体偏差（part-whole bias）”也可能导致CV和CE结果的差异，特别是在具有“非排他”属性资源的价值评估中（Hanley et al.），受访者对物品整体价值的判断低于所有局部价值的加总。受访者在CV中关注的是所有类别的空气质量在一年中的整体表现，而在CE中需要权衡和比较每一类空气质量在不同选项中的数值。然而我们并不能确定CE在克服CV产生的部分—整体偏差的同时，是否产生了新的“加总偏差（additivity bias）”。Dachary-Bernard & Rambonilaza（2012）对比了CE和多项目加总的CV，发现加总偏差对CE结果的影响并不显著。据此，我们同样认为CE在价值评估结果的效度方面优于CV，更接近于真实的价值。

综上，导致CV和CE结果差异的因素是多方面的，CE减少了CV投票过程中的策略性偏差和部分—整体偏差，价值评估的结果更加准确。但是，支付卡式CV作为价值评估工具中的一种，仍有其特定的适用情形。例如，预试调研过程中，我们发现农村居民和教育程度较低的受访者在面对CE部分的问题时，很难做出有效的回答，而在支付卡式CV中就不存在这样的问题。因此，在农户调研过程中使用支付卡式CV可能会更加有效，但需要注意的是，支付卡式CV获得结果仍可能是对真实价值偏低的估计。根据CE的价值评估结果，2020年西安市空气质量改善到285天的优良、60天的轻度污染、15天的中度污染、5天的重度污染和0天的严重污染时，城镇居民愿意为此支付298.3亿元，高于近三年75.6亿元的大气污染防治投入；同时如果西安市在未来五年的年均治理投入低于59.6亿元，就能达到预期目标。

3.3 纯公共生态产品购买制度的构建

3.3.1 纯公共生态产品购买制度的构建方式

政府对于制度的构建直接影响到生态产品的价值实现。对于制度的构建可以分为经济性制度和法律性制度。经济制度主要承担资源配置的角色，法律制度通过政府制定一系列与生态产品相关的法律法规，通过颁发许可证使得企业或者个人进入生态产品领域，依照规定进行生产和经营。在市场中，消费者可以根据自己的喜好，在多种生态产品中选择适合自己的，满足不同消费者的多样化需求，最终达到最优的纯公共生态产品供给水平。

（1）政府购买制度

政府把一部分本应该由政府向社会公众提供的生态环境服务事项，按照一定的规则和要求，让具备此能力的社会组织承担相关业务，政府向相关组织支付款项。2015年，张家口市政府凭借“绿色东奥”生态建设，通过使用中国农业发展银行的贷款，以张家口塞林国家储备林基地建设有限公司为平台，构建市级融资平台，整合全市林业建设资金纳入项目资本金，购买相关生态产品及服务（牟永福，2017）。

此外，生态补偿机制也是重要的手段之一（王夏晖等，2020）。政府通过对提供纯公共生态产品的地区与个人进行补偿，例如借鉴林业碳汇机制、流域保护的“水基金”模式，推动形成生态付费的市场化、多元化发展，使得提供纯公共生态产品的地区能够实现和经济发达地区对等的收入和公共服务。

（2）市场购买制度

政府通过与相关企业签订合约把生态产品的供给交给相关企业，企业通过市场机制实现商业化运营，消费者向企业支付费用来弥补生产者生产生态产品所投入的成本。例如，国家公园在纯公共生态产品供给中具有重要的作用，通过特许经营制度引入社会资本运营国家公园，以经营促进生态产品的保护，是市场化方式提升纯公共生态产品供给能力的有效措施。

（3）政策支持

为了实现纯公共生态产品购买制度、优化纯公共生态产品供求关系和资源配置效率，首先需要夯实国土空间用途管制和生态资产核算两大基础（王夏晖等，2020）。一方面，对于大尺度范围内极为重要的纯公共生态产品，例如湿地、草原、森林，应当建立生态红线制度和覆盖各类生态系统类型的调查监测体系，实行严格的用途管控。另一方面，依照已经成熟的生态产品价值核算标准，根据效用水平不同，制定各种生态产品价值核算方法和标准。例如，对于列入国家重点污染防治和生态保护的项目，在资金上，政府应该给予支持；地方政策可以将城市维护费用用于环保设施的建设；在税收上，国家对于环保企业实行所得税、增值税、投资方向税等税收优惠政策。

目前，我国生态产品政府购买的法律核心主要是《政府采购法》，地方的相关政策制度作为法律框架的补充。完善我国生态产品购买，既需要加快修订完善相关的法律法规，完善地方制度建设，也需要明确生态产品购买的种类，扩大产品名录，促进市场发展。

（4）配套支持

对与生态产品市场购买制度相关的金融服务建设也是十分重要的。对于生态产品的开发和供给可以纳入相关的金融扶持范围中，对于生态产品的购买消费予以补贴，配套好生态产品市场涉及的相关贷款、债券和保险业务，鼓励各地区根据自身特色开发地方生态产品，挖掘市场潜力，推出具有地方特色的产品。可以利用中央和地方各级资金作为原始资金，采取股权投资的方式，扶持一些生态产品保护和治理的项目。

3.3.2 纯公共生态产品购买制度的应用

随着我国工业化发展，经济水平取得了长足的进步，人民物质生活水平得到了极大的提升，但是日益严峻的生态环境问题也影响着人民对于美好生活的追求，其中区域空气污染问题引起了人们的广泛关注。本书将以空气质量改善为例，对纯公共生态产品购买制度的构建进行说明。

早在1973年，中国召开第一次全国环境保护会议，政府就开始重视空气污染的治理工作，这次大会也标志着我国环保事业的开端（郝吉明，2013）。2013年，国务院发布实施《大气污染防治行动计划》，这一计划实施四年后，根据环保部发布的监测数据显示，2017年，京津冀、长江三角洲、珠江三角洲等重点区域的PM2.5平均浓度比2013年分别下降了39.6%、34.3%、27.7%（罗知和李浩然，2018）。党的十九大报告指出，要加快生态文明体制改革，着力解决突出的环境问题，坚持全民共治、源头防治，持续实施大气污染防治行动，打赢蓝天保卫战。中央经济工作会议也提出，污染防治攻坚，重点是打赢蓝天保卫战。

空气污染不仅成为中国经济可持续发展的重要阻碍，导致了大量的经济损失，也损害了中国广大居民的社会福利。随着人们意识的普遍提高，越来越多的研究开始关注到空气质量对于健康的影响。赵文霞（2020）的研究认为空气污染导致了个人（特别是增加了中老年人）的就医概率、就医次数及医疗支出的增加，并通过数据统计，个人医疗支出受空气质量综合指数的边际影响为4%。刘欢和席鹏辉（2019）通过2001—2016年的城市面板数据，测算空气质量指数对人口迁移的影响，表明面对更高的环境污染风险时，受教育程度与收入水平更高人群拥有更强的迁出意愿。因此，生态环境的好坏对于居民幸福感影响很大，而且随着居民收入水平的提高，人们对空气污染问题也将会越来越敏感（叶林祥和张尉，2020）。在我国全面建成小康社会以后，社会经济的发展使得人民群众的关注点从物质消费转移到精神文化消费上来，对美好生活的追求，协调不同收入人群对美好生活的异质性需求，提高我国居民的整体幸福感。

通过上述分析可知，政府在纯公共生态产品购买制度构建中起到了关键作用。通过政府控制空气质量污染行业的生产标准，将会增加这些行业的生产成本，在产品端将成本的上涨传递给消费者，造成消费者生活成本的上涨。关于公众偏好的量化分析表明，空气质量改善并愿意通过生活成本的上涨为空气质量改善支付一定的费用。因此，空气质量改善具备价值实现的公众偏好基础，从其购买制度的构建包括供给主体、购买主体、购买方式三个方面来进行分析。

（1）供给主体

由于纯公共生态产品的外部性导致了供给的成本与收益的不对称性，不同供给主体之间存在博弈行为而导致了生态产品供给效率不高（傅勇，2008）。目前，供给主体主要是政府，其中包括中央政府和地方政府，它们承担的角色也是有所不同的。我国生态产品大多数都是由中央以及地方各级政府进行统筹投资的，政府通过向污染企业征收惩罚性税收、向环保企业提供补贴优惠等手段实现生态产品的供给。中央政府为公众提供基本的优质纯公共生态产品需要以强硬的行政政策和合理的经济手段为支撑（蔡岚，2013），同时需要地方政府和相关企业平衡生态环境保护与经济增长之间的关系（周庆行和吴长冬，2008），实现纯公共生态产品的有序供给。但是，地方政府和中央政府在纯公共物品供给的诉求上存在不一致性。中央对于地方政府政绩的考核主要是参考当地的GDP水平，地方官员的升迁和当地GDP之间有着密切的联系。这也导致了地方政府在行使职能时一般首要考虑经济发展，其次才是生态产品的供给，一般情况下发展经济甚至与保护生态环境之间存在一定的相悖性（张成福，2000）。基于此，为保障地方政府在空气质量改善方面的激励兼容，中央政府应当把空气质量考核情况纳入地方政府考核体系中。

企业同样是空气质量改善的供给主体之一。企业追求的目标是创造更多的经济收益，如果减少大气污染物的排放产生的经济收益比较低，那么企业的主动性不强，需要政府加强监管，使用法律法规进行约束；如果企业能够从减少大气污染物的排放过程中获取利润，则企业会积极主动地提供生态产品。虽然政府可以通过行政命令控制企业生产减少大气污染物的排放，但企业仍然是大气质量改善的微观决策者。企业在生产过程中，一方面可以通过减少污染物的排放，提升环保工艺来提供生态产品；另一方面也可以通过污染治理和加强绿化等方式改善大气质量。例如，在石油等化工企业中，政府对企业大气污染的行为征收惩罚性税收来督促企业控制大气污染物的排放，企业在一定的技术水平下采购先进的生产设备与改善生产条件来减少大气污染物的排放。但是这种做法会增加企业的生产成本，降低企业的利润率，并在一定程度上造成政府税收的减少。这就要求政府要通过合理的方式权衡空气质量改善的程度，而本文的价值评估为这一权衡提供了数据上的支撑。通过价值评估的结果，可以计算公众愿意为空气质量改善的支付意愿，从而为大气污染防控产生的成本的分摊提供了依据，这将有利于促进企业购买与应用先进的废气处理系统实现废气的清洁排放，降低企业生产过程对生态环境的压力，提高企业保护环境的积极性，形成生态环境改善与企业经济收益之间关系的良性发展。

（2）购买主体

习近平总书记提出，良好生态环境是最公平的公共产品，是最普惠的民生福祉。生态产品的供给直接决定着民生质量，优化生态产品供给就是改善民生。人因自然而生，人与自然是生命共同体，这是人类生存最为基础的条件，良好的生态产品供给也是人民群众生活质量的增长点。经过多年的改革开放，人民群众从关心温饱到注重环保，从追求生存到追求生态，生态环境问题成为全面建成小康社会的短板。因而，现阶段我国纯公共生态产品的最大需求主体是公众，也是纯公共生态产品购买的最终主体。但由于公众数量众多，一般公众通过履行纳税人义务并通过政府作为代理角色来进行购买。

政府作为纳税人的代理者建立规范化购买程序，依靠完善的法律法规，通过多元化的购买方式进行生态产品的购买。公众对于优质的生态产品具有较高的需求，这符合人们对于自身健康和幸福生活的追求。伴随着空气质量的改善，人们的支付意愿逐渐提高。良好的空气可以提高人们的支付意愿，这为纯公共生态产品市场购买制度的构建和良好运转提供了依据。

随着科技水平、经济条件的发展，纯公共物品中生态产品属性也在发生改变。政府通过政策引导，增强非营利组织和个体在生态产品领域的地位。当居民愿意为生态产品（例如清新的空气）所支付的费用高于政府和企业提供生态产品所付出的成本时，整个市场交易就是有效的。由于生态产品的特点，市场有效地提供生态产品需要一定的条件。企业提供生态产品意味着生态产品在市场机制下能够实现成本收益核算，并且能够按照市场供需情况自动定价，排除搭便车的行为，使得企业能够从中获得利润（唐娟和曹富国，2004）。因此，制度的创新和技术的进步可以使得一些生态产品能够满足市场交易的条件，实现市场化交易机制，例如空气净化、碳排放、排污权交易等。

（3）购买方式

首先，可以通过转移支付、财政补贴、政策扶持和技术支持等来实现生态产品的政府购买。政府通过政策的实施，鼓励企业进行环保的升级或者对生态产品供给企业给予税收等政策上的扶持。政府可以通过国家层面的合作交流或者战略制定，推进先进技术的传播和发展，促进生态产品购买。对于大气、森林等自然资源，都属于国家所有，也就是属于全体国民。国家通过对污染企业征收环保税，或者对能产生污染的消费品（例如石油化工产品）额外征收税款，用于当地大气环境治理，改善当地居民的居住环境。

其次，可以通过市场购买。随着空气质量越发得到人们的重视，人们为了空气质量的提升进行支付的意愿也在逐渐升高。越来越多的商场、写字楼和体育场馆配备了空气净化装置，对室内的空气进行过滤和净化，新的住宅楼很多都配备了新风系统，并且越来越多的家庭购买了空气净化器，这有助于减少空气中的污染物和细小颗粒物，提升人们的居住环境。近些年，对于燃油中有害物质含量标准的提升和清洁能源的推广使用，进一步从源头上改善了空气质量。这些市场终端的购买行为促进了整个生态产品市场化的进程，使得越来越多的企业和政策投入这一领域。伴随着相关行业协会的发展和规章的制定，生态产品市场化购买会更加完善，市场化规模会得到进一步提升。

3.3.3　纯公共生态产品购买的保障

清洁的空气是典型的纯公共生态产品，以上通过论证空气质量与居民支付意愿之间的关系，探讨了空气质量改善的生态产品价值实现路径，为纯公共生态产品定价和购买制度设计提供了示例。政府可以通过移动支付、财政补贴、政策扶持和技术支持等来实现生态产品的政府购买，市场也可以在消费终端为生态产品购买提供各式各样的产品，促进市场购买的发展和完善。无论是政府购买或是市场化购买，都需要一定的手段来保障纯公共生态产品购买过程所涉及的主体行为，实现可持续发展。以空气质量改善为例，可以通过以下措施来保障纯公共生态产品购买制度的实现。

首先，促进全社会广泛参与，完善联防联控机制建设。大气污染物流动性较强，很难划分区域进行治理。为了有效地改善大气质量，一方面我们可以对大气污染产生的源头进行治理，形成有利于空气质量改善的城市空间格局，营造良好的产业和能源结构；另一方面可以建立大气联合防治机制和预警会商机制，充分发挥政府、企业和居民对空气质量监管的主导地位（汪伟全，2014）。为了改变以往大气污染防治中各自为战的缺陷，可以建立跨区域的组织或机构，从而为空气质量改善提供细分的专业化指导，从而使得区域性污染问题能够得到有效控制（秦天宝和郭明磊，2000）。

其次，通过市场手段进行调节，建立大气污染物排放的产权交易市场。市场机制是促进空气质量改善等纯公共生态产品提供的重要机制，能够使得大气污染物在规定的排放总量不突破的前提下，通过价格、竞争和供求等之间的联系和作用，对生态环境污染进行制约和影响，提高纯公共生态产品的配置效率（孙志，2017）。我国应对空气中存在的主要污染物建立排放权交易制度，完善相关制度的具体措施，推进市场交易发展（霍艳斌，2012）。此外，我国治理空气污染资金目前主要来源于公共财政预算资金和从污染企业取得的税收，可以针对不同程度的污染区域建立梯度税收制度进行协调，对高污染地区理应收取高税收，帮助整体空气质量改善。

最后，加快法律法规建设，强调依法进行治理（汪小勇等，2012）。随着近些年对于生态环境的重视，我国相关的法律法规得到了进一步的发展和完善，形成了较为完整的框架结构。对于重点区域，要设立区域性的大气环境法律法规和空气质量标准。对于经常性未达标的区域，要引入绿色GDP机制，把环境纳入地方政府和官员的考核之中去，努力促使其提升空气质量。

3.4 本章小结

本章介绍了纯公共生态产品的内涵和特点，对其涵盖范围做出了界定。通过分析纯公共生态产品的价值来源和构成，剖析了其价值实现的困境；选取了空气质量改善作为纯公共生态产品的代表，通过实证分析，为纯公共生态产品的购买制度奠定价值基础。本章通过分析得到如下结论：

（1）选取空气质量改善作为纯公共生态产品的代表进行分析，本文的研究表明：城镇居民受益于大气污染防治计划，使用支付卡式CV和CE的价值评估结果分别为190.46元和298.28元。此实证结果为以空气质量改善为代表的纯公共生态产品购买制度提供了坚实的微观基础。同时无论是CV还是CE都是对公众意愿的反映，以公众偏好为基础的政策方案设计能够增强公众的获得感，得到公众的广泛支持，对公共政策成本收益分析工具的选择具有指导意义。基于我国大气污染防治实践的现阶段特征和资源环境价值评估的理论前沿，应用CV和CE两类陈述偏好法对西安市城镇常住居民的支付意愿进行实证分析后，发现CV和CE结果存在显著差异。但CE的结果更加有效，政策制定的成本效益分析应更多地参考CE的结果。

（2）如果政策的目标是评估单一结果带来的社会福利变动，例如对政策执行效果的事后评估，推荐使用CV对补偿剩余进行整体计算，更为直接、简单和节约成本；如果是对不同情景下社会福利的变动分析，例如对政策干预导致的若干个可能的结果进行事前评价，CE则是更为合适的方法。在同样适用的情况下推荐使用CE，不仅在于避免了CV价值评估中的策略性偏差和部分—整体偏差，更在于CE能够对整体各组成部分的隐含价格进行估计，得到不同类别空气质量的价值。CE强调了不同类别的空气污染对公众效用的影响是不一样的，因此政策制定者不仅要着眼于“优良天数有多少”，更要关注“优良天数从哪里来”，即空气质量内在结构的变动。例如，如果300天的优良天数全部来自于轻度污染和中度污染的改善，户均消费者剩余为909.96元/年；然而，即使是250天的优良天数，如果全部来自于严重污染、重度污染和中度污染的改善，得到的户均消费者剩余为1010.21元/年，高于300天优良天数的价值。

（3）由于纯公共生态产品供给成本和收益的不对称性，长期以来政府在这类生态产品的供给中起到了主导作用，具体表现为财政的转移支付、生态补偿等行政方式。随着生态产品市场化的发展，生态产品的市场购买也在日益完善。本章通过对纯公共物品中生态产品购买制度的研究，强调利用配额交易与商品附加费等市场化的手段，通过政府购买、私人购买、商品附加费的形式构建纯公共生态产品购买制度，实现其价值。

总之，本章通过陈述偏好法得到不同程度的空气质量改善对应于不同的社会福利与公众支付意愿，反映了公众对纯公共生态产品的偏好；结合配额交易和社会公众共同购买等方式进行了纯公共生态产品购买制度的设计，并提出政策建议。

四、公共池塘生态产品购买制度研究

4.1 公共池塘生态产品价值

4.1.1 公共池塘生态产品的特点

公共池塘生态产品是公共池塘资源中的生态产品。公共池塘资源是一种大家共同使用又分别占有资源利益的公共资源，同时兼具非排他性和竞争性的特点（章平和黄傲霜，2018）。由于公共池塘资源具有非排他性和竞争性的特点，比如开放性的公园、政府出资建设的健身设施等，故埃莉诺·奥斯特罗姆将公共池塘资源归于共有资源的一部分，将其界定为一个自然的或人为的资源系统，在这个范围不大的系统里面人们几乎不可能因为使用资源而排斥其他使用者（任恒，2017）。张克中（2009）从物品的界定方面给出了公共池塘资源的界定。公共池塘资源是一种人们共同使用整个资源系统而分别享用资源收益的公共资源，即公共池塘好比一个向任何人开放的池塘水，任何人都可以无偿获得，一旦其中的一部分水被他人所占有，就变为私人物品。公共池塘资源与纯公共物品的区别在于，一个人使用公共物品并不影响其他人的使用，如新闻联播，某个人使用新闻联播的情况并不影响其他人使用新闻联播的效益，大家都可以从公共物品中获得预期的效应。而对于公共池塘资源来说，其是由一个资源系统中的资源单位所组成的，一旦某个人占有其中的一部分资源单位，其他人就不能得到。比如近海渔场，对于一个渔民捕捞到的鱼来说，其他人就不能无偿占有这部分资源。

常见的公共池塘生态产品包括了共有森林资源、草原资源与水资源等。①共有森林是一种典型的公共池塘资源，公众可以共同享有森林资源，同时，由于公共森林的资源有限，会随着砍伐逐渐减少，这使得公共森林资源的使用同时具有竞争性。如果这种公共资源被不加制止地使用，即过度砍伐，就会不可避免地导致资源的减少（王浦劬和王晓琦，2015）。与此同时，森林资源也是一种重要的生态产品。森林生态产品是供给主体通过投入人、财、物等生产要素，以一定的方式输出森林生态系统服务（朱颖和倪红伟，2018）。②草原属于公共池塘资源定义中的一种，但其排他性较弱，竞争性偏强。我国的草原牧场管理也经历了从私有化管理到合作社共同管理的阶段。1980年初，中国按照牲畜和人口的数量将牧场划分给具体的牧民来分区管理，承包到户。但是这种管理机制，使得草原资源碎片化，牲畜品种单一，单个牧民抗自然灾害的能力不足，牧民之间的合作减少，牧场资源不能得到有效的维护。随着这些问题的逐个暴露，形成了基于社区的草原管理，以牧场专业合作社为主体的管理组织开始兴起（张倩，2013）。③水资源较低的排他性和限制使用方面的低程度，导致了水资源不能充分利用，从而造成了水资源的污染、超采等问题，带来了地面沉降、生态恶化等一系列问题。通过征税或者补贴的方式可以实现把水资源外部问题内部化，而科斯认为适当的产权配置市场能够以更低的交易成本解决水资源利用存在的外部问题，在这一理论的指导线下形成了以水资源产权为基础的配额交易市场。在水资源的交易市场中，水资源与其他市场上的商品一样，通过水资源的供求状况决定其价格，由此实现市场调节下的配置（吴凤平等，2015）。

埃莉诺·奥斯特罗姆定义了公共池塘资源所包括的三个基本要素（表4.1），分别是：资源系统、占用者与提供者、规则。它们构成了公共池塘资源的基本情景，其他所有要素都是直接或者间接影响这三个基本要素。对于埃莉诺·奥斯特罗姆的公共池塘治理理论所研究的公共池塘资源的特征主要为在资源使用过程中高度的竞争性和对潜在竞争者高成本的排他性，最重要的一点是在于占用者对资源的使用程度难以限制（任恒，2017）。雷玉琼和胡文期（2009a）通过研究公共池塘资源的产权制度问题，指出非排他性意味着资源具有资源进入的不受限制，竞争性源于公共池塘资源单位资源的可度量性与稀缺性。公共池塘的这两个特征往往使得公共资源的使用出现“囚徒困境”和“集体行动困境”，单个用户往往会最大化个人利益，从而使用超过了公共池塘资源的承载能力，这必然会损害到资源的可持续利用和长期利益，这就要求需有明确的规则加以约束使用者和管理者的行为，因此引发了对公共池塘可持续发展的管理问题和价值评估的问题。王羊等（2012）通过研究公共池塘资源的可持续性，指出对于草原、森林、牧场、地下水灌溉甚至是整个生态系统的研究，不应该局限于其自身价值属性的问题，主要是指物理属性，例如土地的肥沃程度、林木的数量以及渔场的鱼儿种类等，还应该涉及资源所在地及资源所有者的特点、管理系统、产权、行为规则等社会因素。

表4.1　公共池塘资源的三个基本要素

要素	定义	现实例子
资源系统	一系列基本设施的组成，其作用类似于“仓库”或者资源的载体	公共池塘，水、周围的土、光照
占用者与提供者	把从资源系统提取资源的提取者称为“占用者” 把那些计划和安排公共池塘资源的人称为“提供者”	提取者：牧人、渔民和从资源系统中占用资源的其他任何人 占用者：池塘、牧场的管理者
规则	是对有关行为的规定，包括哪些行为是允许的、哪些行为是禁止的以及对违规行为的制裁	规章制度、社会习惯，也可以是口头约定

4.1.2　公共池塘生态产品价值实现的方式

在我国公共池塘生态产品实行的是公有产权制度，根据相关的法律法规，我国的公共池塘生态产品，比如水资源、公共森林、牧场和公共灌溉系统等均属于国家或者集体所有。正是由于公共池塘生态产品的非排他性和竞争性，所以才使得公共池塘生态产品可以在使用上进行交易，包括占有权、支配权和使用权等的交易。根据交易对象的不同，我们可以分为在公共部门之间、公共部门与私人部门之间和私人部门之间的购买（雷玉琼和胡文期，2009）。①公共部门之间的购买。在公共部门之间的购买过程中，政府的作用类似于一个大型企业，购买和分配生产要素，特殊之处就在于行政要素在这个过程中起作用。②公共部门与私人部门之间的购买。公共部门与私人部门之间的购买存在双向性，即公共池塘资源可以流向私人部门，也可以流向公共部门（雷玉琼和胡文期，2009b）。比如，部分省份的水电开发权由私人部门承担，既保证了工程的效率，又引进了民间资本。③私人之间的交易等同于平常市场上的交易，以清洁的水源为交易目标，按照具体产品的公允价值，以签订契约或者一手交钱一手交货的方式进行交易。

4.1.3 公共池塘生态产品价值实现的困境

公共池塘生态产品由于非排他性和竞争性的存在，极易产生“公地的悲剧”问题。公共池塘生态产品的使用者应该向这种生态产品的管理者或者受托人支付一定的价格，但是这种价格由于外部性的存在缺乏类似于普通商品那样的市场平台和交易机制（马涛，2012）。公共池塘生态产品由于难以建立起排他性的产权，从而没有交易市场和价格，往往造成不计后果的掠夺性使用，使得生态系统难以维持可持续性发展（张金泉，2005）。

在公共池塘生态产品中，水资源安全问题与人类生存粮食安全等问题息息相关，对于社会安全、经济发展和维持生态环境的健康有着重要的意义（贾绍凤等，2002）。因此，本书选取了水资源安全作为公共池塘生态产品的代表，研究公众对水资源安全的消费偏好和支付意愿，在此基础上设计公共池塘生态产品的购买制度。

4.2 水资源安全的价值评估

4.2.1 背景介绍

水资源的使用具有竞争性和非排他性，因而是典型的公共池塘资源（和莹，2007）。水资源安全主要是指水资源的利用能够保障公众健康、支持经济社会可持续发展和维护生态良性发展的状态（秦昌波等，2019）。水资源安全是一个国家或者地区可以保质保量、及时持续、稳定可靠、经济合理地获取所需水资源的状态或能力，关系国家和地方的生态安全和资源安全，进而影响国家经济发展和社会的稳定（谷树忠和李维明，2015）。

本书对水资源安全的价值评估是基于我国页岩气开采快速扩展的背景下，页岩气开采过程中对当地的水质和水量的安全产生了一定的威胁（Dong et al., 2016），使用价值评估为页岩气开采过程中的水资源管理提供依据。页岩气是一种新兴的非常规化石燃料，有望为开采国的经济增长和能源安全带来广泛好处（Cooper et al., 2016；Kinnaman, 2011）。随着水平钻井和水力压裂技术的进步，页岩气已成为经济上可行的矿物燃料来源。然而，页岩气开采对环境的影响是双重的。从积极的方面来说，页岩气相对于其他化石燃料具有环境优势，因为它对人类和环境具有较低的毒性（Stamford & Azapagic, 2014；Jenner & Lamadrid, 2013）。与此同时，页岩气开采对页岩气田所在的周边生态系统产生了重大的环境风险（Costa et al., 2017；Meng, 2017；Prpich et al., 2016），包括空气污染、噪声污染、生态系统退化、地质灾害、水资源短缺和水体污染（Krupnick et al., 2013；Zoback & Arent, 2014）。在上述环境问题中，页岩气开采过程中的水资源风险（包括水质和水量）是最为重要的风险，且在文献中得到了最为广泛的讨论（Cotton & Charnley-Parry, 2018；Jenner & Lamadrid, 2013；Thomas et al., 2017；Vengosh et al., 2014）。一方面，页岩气所使用的水力压裂技术消耗了大量的水资源，给当地生活和生产用水的供给造成了很大压力。特别是在缺水和地下水枯竭的地区，用于页岩气开采的水资源通常从附近的河流或市政水源中抽出，可能导致农业灌溉用水和家庭生活供水的中断（Vidic et al., 2013）。另一方面，页岩气开采过程中产生了大量的废水，包括水力压裂后的回水和产气期间的产出水（Slutz et al., 2012）。这些废水中不仅含有大量的溶解固体和有机化学物质，还含有高浓度的盐离子成分（如钠、钙和氯）、一定量的自然放射性物质（如钡、铀和钍）（Estrada & Bhamidimarri, 2016；Vidic et al., 2013）。对废水的处理方式，包括使用公共污水处理系统、泵入废弃生产用井或作为压裂液循环再利用，引起了公众/社会媒体和政府官员的广泛关注，也为当地水资源管理带来了巨大的挑战。

中国拥有丰富的页岩气储量（Hu & Xu, 2013），在美国页岩气热潮的鼓舞下，从2005年开始在全国范围内勘探页岩气，以满足我国日益增长的对减少碳排放和改善空气质量的清洁能源需求。2014年，随着钻井技术的进步和在四川盆地发现的大规模涪陵页岩气田，中国成为继美国和加拿大之后第三个实现商用页岩气田开发的国家（Jia, 2018）。此后，中国页岩气年产量从2014年的13亿立方米大幅增长到2018年的109亿立方米。2016年，国家能源局发布了《页岩气发展规划（2016—2020年）》，其中提到在政策支持到位和市场开拓顺利的情况下，在2020年力争实现页岩气产量300亿立方米，2030年达到800亿—1000亿立方米。我国页岩气开采速度的迅猛发展引发了人们对环境风险的担忧，特别是与水资源相关的风险成为了公众和当地居民关注的主题。我国有超过60%的页岩气可采储量分布在缺水地区（Hu & Xu, 2013），同时产气区域复杂的地质条件增加了由于水污染导致的相关风险（Guo et al., 2020）。因此，页岩气开采过程中的水资源安全，包括水量和水质的安全，已成为影响我国页岩气未来发展的关键问题之一。

尽管大量的文献研究了如何增强页岩气开采过程中的水资源安全，但很少有研究对增强水资源安全这一生态产品带来的好处进行评估。在现实中，水资源安全管理的成本通常占页岩气开采总成本的5%~15%（Slutz et al., 2012），而积极的水资源管理策略可能会增加开采成本并影响到页岩气产量的增长。例如，Karapataki（2012）和Acharya et al.（2011）的研究证明了页岩气开采过程中用于水资源安全的技术应用存在成本和收益的权衡。也即，页岩气开采过程中的水资源安全作为一种生态产品，对其供给的增加需要价值评估来进行政策成本收益的分析。关于页岩气开采过程中水资源安全价值评估的研究，目前仅有Bernstein et al.（2013）的一项研究。Bernstein et al.（2013）针对美国马塞勒斯地区的居民，使用条件价值评估（CV）对改善流域水资源安全的支付意愿（WTP）进行了调研。他们发现，户均支付意愿为每年12.00美元，户均支付意愿的现值为178.25美元。然而，他们的研究至少可以在两个方面进行改进：一是问卷设计方面，他们使用的问卷除了包含对流域水资源安全的支付意愿，还询问了受访者对改善河道通行的支付意愿，可能会造成对页岩气开采过程中水资源安全价值评估的假想偏差；二是在一个相对较大的流域中收集了较少的样本量（186份有效样本），这很可能会降低模型统计的效力。此外，伴随着中国页岩气开采的快速发展，在我国仍然缺乏对相应水资源安全的价值评估，不能反映公众对加强水资源安全这一生态产品的偏好，也难以为政府环境管理目标的实现提供有效的参考。

在这一背景下，本节是针对我国涪陵页岩气田周边的居民进行支付意愿的调研，以反映公众对水资源安全的偏好，以协助地方政府制定成本有效的水资源安全管理政策。通过本文的实证分析有助于回答以下问题：对涪陵页岩气田生产过程中的水资源安全管理能够带来多少收益？当地居民对水资源安全偏好的影响因素是什么？这些研究问题对于公共政策制定很重要，但在相关文献中尚未引起足够的重视。

4.2.2 实证设计

（1）研究区域

本书选取了涪陵页岩气田作为研究区域，主要位于中国西南部重庆市涪陵区、南川区和武隆县。该地区属于武陵山裂谷，以喀斯特地貌为特征，悬崖、山峰、缝景、地下河流众多，是中国页岩气发展历史上最具标志性的地区。首先，我国页岩气的商业开采始于在涪陵焦石坝发现的焦页1H页岩气井，并在此基础上建立了我国第一个大型商业页岩气开采示范区——涪陵国家级页岩气示范区。其次，涪陵页岩气田是仅次于北美的全球第二大页岩气田，已探明储量达608亿立方米，该地区2018年页岩气产量占我国页岩气总产量的55.3%。最后，涪陵页岩气田的环境保护工作同样走在全国前列，例如在钻井前对地质进行勘探以避免地下溶洞、暗河等特殊的地貌环境，在钻井过程中使用清水钻并严格选用“导管加三开”的井身结构以避免井漏造成的水资源污染风险。作为中国页岩气开采历程中的一个缩影，涪陵页岩气田受到了全球油气行业的广泛关注。因此，我们对涪陵页岩气田水资源安全的价值评估将具有典型性，能够为这一公共池塘资源的管理提供相关的借鉴。

在涪陵页岩气田发展过程中，与水资源有关的风险已逐渐成为公众关注的焦点。一方面是页岩气开采过程中消耗了大量的水资源。以往的经验表明，涪陵页岩气开采的水力压裂作业中，每口井消耗的水资源大致在2万到4万立方米之间（Yang et al., 2015），大概是北美地区单井用水的一倍（Butkovskyi et al., 2015）。虽然涪陵地区水资源总量丰富，但水力压裂往往需要在短时间内消耗大量的水资源，造成短时间内区域用水紧张。例如，王姝（2016）通过调查发现，当地页岩气开采已经造成三十余个乡镇地下水位的下降，并且导致了十余个溶洞水源的枯竭。另一方面来自于页岩气开采过程中可能的水资源污染。页岩气生产过程中会产生两类废水：在产气前和压裂压力释放后产生的返排水；在页岩气井投产后，伴随产气过程释放的采出水（Vidic et al., 2013）。在涪陵页岩气田，返排水约占压裂用水总注入量的5%，单口井产气时期的采出水约为2立方米/天（Mei et al., 2017；Hu, 2017）。由于这些废水中包含了复杂的物理化学成分，对废水的处理成为了确保当地水资源安全的一项重大挑战。周贤海等（2015）统计了涪陵岩气田焦石坝地区从2012年到2015年期间162口生产用井的337起钻井漏失情况，认为涪陵地区以裂缝性漏失和渗透性漏失为主，井漏频繁、漏失层位多。随着当地页岩气开采的迅速发展和水资源安全风险的增加，当地政府和开采企业已决定在勘探过程中采取更为积极的措施来保护当地的水资源安全。然而，页岩水安全的管理需要在成本和收益之间进行权衡，对水资源安全的价值评估有助于为当地管理政策的构建提供实证依据。

（2）研究方法

考虑水资源安全这一公共池塘资源所产生的价值中包含有很大一部分的非使用价值，本书采取条件价值评估方法（CV）进行研究。具体而言，本研究采用了双边界二分（double-bounded dichotomous choice，DBDC）式的CV。DBDC格式是指在问卷中设计两个连续的二分（是/否）选择题，可以通过受访者连续两次给出的是或否的回答来识别他们的WTP。DBDC式的CV和单边界或支付卡式CV的区别在于能够通过后续的二分问题来对WTP的范围进行更为精确的识别，从而能够减少估计的方差和提高估计的效率（Hanemann & Kanninen, 2001；Whitehead, 2006）。在本研究的DBDC格式中，为回答者随机分配了初始的价格以避免起点偏差，并询问他们是否接受给定的价格以增强当地页岩气开采过程中的水资源安全。如果他们回答“是”，则使用更高的出价重复相同的问题；如果他们回答“否”，则使用更低的出价重复相同的问题。在问卷设计过程中，是以家庭为单位，并使用家庭水、煤气或电费的价格上涨作为支付工具，这一支付工具与本书的研究对象密切相关并能够防止由支付工具带来的假想偏差。在问卷中，受访者随机拿到的问卷中包含一个价格组合（bid_L, bid_i, bid_H）。每个价格组合的第二个元素对应于受访者所面对的初始出价（bid_i），在第一个DBDC式CV问题中询问受访者家庭是否愿意为当地水资源安全的改善计划支付价格bid_i，如下所示：

"改善页岩气开采过程中对当地水环境的影响，为了达到上述改善的效果您的家庭需要每年支付_____元（如燃气费、水费、电费的提高等）。考虑您家庭的经济能力，您是否愿意为水环境改善支付上述费用？"

如果受访者对这一问题的答案为"否"，则会询问第二个DBDC式CV问题，此时的出价变为bid_L，bid_L是比bid_i更低的一个支付价格；反之，如果受访者对这一问题的答案为"是"，则询问的第二个DBDC式CV问题出价变为bid_H，bid_H是比bid_i更高的一个支付价格。根据预调研的结果，我们将本研究的价格组合范围设定为10到100元人民币，并使用了以下六个价格组合：（10，30，50），（20、40、60），（30、50、70），（40、60、80），（50、70、90）和（60、80、100）。

在问卷设计完成后，我们在涪陵页岩气田所在地进行了调研。由于涪陵页岩气田的开发包括两个阶段：第一阶段的50亿立方米产能建设于2013年至2016年，主要地点包括焦石、罗云和白涛等地区，共涵盖了268.2平方公里的面积和1940亿立方米的页岩气储量；第二阶段的50亿立方米产能建设开始于2015年，预计在2020年完成，主要地点包括平桥、江东、白马和子里场等地区，包括291.4平方公里的面积和2390亿立方米的页岩气储量。因此，本书的调研地点同时涵盖了两个开发阶段的四个调查镇，包括位于第一阶段的焦石镇和白涛街道以及位于第二阶段的江东街道和平桥镇。在这四个乡镇随机选取了1260户家庭作为我们的调研对象。问卷调查是通过面对面访谈进行的。在调查过程中，调研员被要求全程佩戴调研证明，并客观地向受访者介绍页岩气开发过程中对水资源的潜在影响以及未来改善水资源安全的政策目标，从而减少研究过程可能存在的策略偏差、信息偏差和假想偏见。

4.2.3 计量模型

为了对DBDC式CV问卷收集的数据进行建模分析，本文使用效用差模型来获得对补偿剩余的估计。在效用差模型中，受访者n的效用包含可以被观测的效用V_n和随机效用ε两部分：

$$\mathrm{U}(\cdot) = V_n(q, y, \boldsymbol{S}) + \varepsilon = \alpha * q + \beta y + \boldsymbol{\Gamma S} + \varepsilon \tag{4.1}$$

其中，q代表特定的环境常数，q=0表示现状情景，q=1表示水资源安全改善的情景；y是家庭收入；$\boldsymbol{S}$是受访者个体和家庭的特征。如果受访者愿意为水资源安全改善支付一定的成本A，此时意味着：

$$V_n(1, y - A, \boldsymbol{S}) - V_n(0, y, \boldsymbol{S}) > \varepsilon_0 - \varepsilon_1, \text{ or } \Delta V_n > \Delta\varepsilon \tag{4.2}$$

其中，ΔV_n是在水资源安全改善前后两个情境中受访者效用的差异；$\Delta\varepsilon$被假定为服从极值分布，以反映二分式问题的特征。此时，受访者n在水资源安全支付价格为A的场景中选择“是”的概率如公式4.3所示：

$$\mathrm{Prob}_n(yes) = 1 - 1/\{1 + \exp[\beta * (\alpha/\beta - A + \boldsymbol{\Gamma S}/\beta)]\} = 1 - \mathbf{G}(A) \tag{4.3}$$

其中，α/β是受访者为水资源安全的改善所愿意支付的特定金额；Γ/β是社会经济变量对支付意愿的影响。

在DBDC式CV问卷中，由于设计了两个二分式问题，针对同一组价格组合（bid_L, bid_i, bid_H）可能出现的结果有四个：I_n^{YN}表示针对两次二分式问题，投标值为bid_i和bid_H，回答均为“是”；I_n^{YN}表示针对两次二分式问题，投标值为bid_i和bid_H，回答分别为“是”“否”；I_n^{NY}表示针对两次二分式问题，投标值为bid_i和bid_L，回答分别为“否”“是”；I_n^{NN}表示针对两次二分式问题，投标值为bid_i和bid_L，回答均为“否”。将I_n作为是否出现四个结果之一的指示变量，取值为0或1。根据Hanemann et al.（1991）的研究，可以通过计算以下极大似然函数来获得受访者的支付意愿：

$$\ln L = \sum_{i=1}^{N} \left\{ \begin{array}{c} I_n^{YY} \ln[1 - \mathbf{G}(bid^u)] \\ + I_i^{YN} \ln[\mathbf{G}(bid^u) - \mathbf{G}(bid^l)] \\ + I_i^{NY} \ln[\mathbf{G}(bid^l) - \mathbf{G}(bid^u)] \\ + I_i^{NN} \ln[\mathbf{G}(bid^l)] \end{array} \right. \tag{4.4}$$

4.2.4 实证结果

（1）样本特征

我们的正式调查是在2018年7月、8月之间进行的。在1260个选定的受访者中，有371户家庭未能完成问卷调查。在问卷设计中，如果受访者在两次二分式问题中均选择了“否”，就需要回答选择否的原因，包括：“经济原因，如果家庭收入高我就愿意支付”；“经济原因，我觉得支付的价格太高而不值得”；“我没有责任为改善水环境和消除污染付费，这不公平”；“担心支付的钱可能无法达到改善的目标”。如果受访者选择了后两个原因，将会被识别为抗议性支付，也即无效问卷。问卷中还包含了受访者的自评问题：“我理解问卷的内容”“在实际生活中，我会投票给我选择的方案”“我的回答能够代表我家人的意见”。如果受访者在其中一个问题上选择“否”，将会被识别为无效问卷。最后，调研员对受访者的回答也将进行评价，包括受访者是否配合、是否理解问卷内容、回答是否匆忙、问卷整体是否有效等方面，通过调研员也可以识别一部分无效问卷。最后，在收集到的889份问卷中，有65位受访者所提供的数据由于缺乏信度和效度（包括抗议性支付、自评较差、调研员评价较差三类）而被排除在分析之外。因此，本研究收集了825份有效问卷可供进一步分析，问卷有效率为65.48%。建模过程中使用的主要社会经济变量共有7个，包括：受访者层面的性别、受教育程度、年龄；受访者家庭层面的家庭位置、人口规模、人均年收入、主要收入来源。表4.2是对样本特征的描述性统计。

表4.2　样本特征的描述性统计分析（样本量=825）

变量	标记	描述	均值	标准差
性别	*gender*	男性=0；女性=1	0.112	0.315
年龄	*age*	受访者年龄	47.272	14.908
教育	*education*	小学或以下=1；初中=2；高中=3；高中以上=4	1.722	0.839
地点	*location*	第一阶段=1；第二阶段=2	0.571	0.495
规模	*size*	家庭人口规模	4.405	1.369
收入	*income*	家庭人均年收入，低于3000=1；3000~6000=2；6000~9000=3；9000~12 000=4；12 000~15 000=5；15 000~18 000=6；18 000以上=7	3.686	1.770

续表

变量	标记	描述	均值	标准差
来源	*source*	家庭主要收入来源，非农收入=0；农业收入=1	0.659	0.474
现状	*condition*	非常不满意=1；不满意=2； 一般满意=3；满意=4；非常满意=5	3.137	1.178
政策	*policy*		2.990	1.268
水量	*quantity*		2.524	1.344
水质	*quality*		2.050	1.402
价格1	*bid1*	第一个二分式问题的投标价格	56.303	16.960
价格2	*bid2*	第二个二分式问题的投标价格	45.709	18.767
回答1	*ans1*	第一个二分式问题的投标回答，是=1，否=0	0.235	0.424
回答2	*ans2*	第二个二分式问题的投标回答，是=1，否=0	0.299	0.458

表4.2显示了大多数受访者是男性（88.8%），因为在调研过程中一般会选取户主作为调研对象以保证受访者在家庭中的代表性。受访者的平均年龄为47.2岁，平均教育水平较低（1.722），平均家庭规模为4.405，这些人口统计学特征与Yu et al.（2020）的研究一致。我们的受访者中有57.1%来自第一阶段开发区，与官方统计显示的该地区的人口比例（54.1%）相近。大约2/3的受访者家庭主要收入来自非农收入；人均收入在9000元至12000元之间，低于涪陵地区统计的人均收入水平，这可能是由于受访者在填写问卷时低报了真实的收入水平，这也是在实地调研过程中遇到的普遍问题。

一些价值评估文献认为受访者对于偏好可能会受到个体感知因素的影响。因此，在本书中也包含了四个个体感知因素："对周围的生态环境的满意程度"（*condition*）、"对政府执行的环境政策效果的满意程度"（*policy*）、"对页岩气开采消耗大量水资源的满意程度"（*quantity*）、"对页岩气开采影响地表和地下水水质的满意程度"（*quality*）。受访者对四个感知因素的回答为从"非常不满意"到"非常满意"的5级李克特量表。表4.2显示，平均而言，受访者对整体环境和政府政策的满意度在3分附近，也即一般满意；受访者对页岩气开发过程中的水质和水量两个水资源安全因素的满意度为2.524和2.050，意味着受访者对当地水资源安全存在一定的担忧。

最后，表4.2还表明，有23.5%的受访者对第一个二分式选择题回答了"是"，有29.9%的受访者对第二个二分式选择题回答了"是"。

（2）模型估计

在本书中，使用Stata 15.0软件中的*doubleb*命令，通过估计似然函数式（4.4）的对数结果来进行参数估计，估计结果如表4.3所示。在最初的模型中，仅估计包含常数项的模型（模型1）结果，之后加入所有的协变量之后得到了模型2的结果，最后在模型2的基础上采用逐步向后回归得到了模型3的结果。

表4.3　模型估计结果（样本量=825）

变量	模型1	模型2	模型3
Constant	32.459(1.236)***	-7.219(5.999)	-7.085(4.048)*
gender		-1.609(2.536)	
age		0.109(0.060)*	0.100(0.054)*
education		0.299(1.057)	
location		2.908(1.605)*	2.861(1.604)*
size		0.131(0.564)	
income		10.628(0.498)***	10.617(0.496)***
source		6.873(1.703)***	6.946(1.702)***
condition		-0.570(0.847)	
policy		0.122(0.889)	
consumption		-2.009(0.695)***	-2.119(0.675)***
disposal		-2.447(0.751)***	-2.431(0.655)***
log likelihood	-834.432	-587.972	-588.497
Wald chi2	-	482.61***	480.52***

注：对变量的定义见表4.1；括号内是相应估计参数的标准误；*，**，***分别代表参数估计结果在10%、5%、1%的置信水平下显著。

由于*doubleb*命令可以直接获得支付意愿的估计，也即表4.3中给出的系数是每个变量的WTP。模型1的结果表明，常数项的参数在1%的置信水平上显著，这意味着，受访者平均而言愿意为提高水资源安全支付32.459元。为了确定协变量对WTP的影响，得到了模型2的估计结果。使用Wald检验，结果表明包含协变量的模型（包括模型2和模型3）相对只有常数项的模型在模型整体显著性上有了显著的提升。模型2表明，受访者的性别、受教育程度、家庭规模以及受访者对当前环境和政策实施效果的满意度的参数估计结果并不显著。因此，在模型3中，除去不显著协变量后，在模型2中显著的参数估计结果几乎没有变化，显示出了模型估计结果的稳健性。使用LR检验，结果表明模型3相对于模型2在整体显著性上没有显著的改变。但由于模型3估计结果具有更大的自由度，因此在AIC和BIC等信息准则上优于模型2的结果。

表4.3显示，在受访者的社会经济特征中，性别、教育和家庭规模对WTP没有显著影响，类似的结果也出现在对中国水资源价值评估的其他文献中。此外，年龄、位置、人均收入和收入来源会显著影响WTP。年龄对于受访者的WTP有正向影响，意味着老年受访者的WTP高于年轻受访者的WTP；家庭的主要收入来源为农业收入的受访者的WTP高于家庭收入主要来源为非农收入的受访者。可能的原因是，老年人、家庭收入为农业收入的受访者更依赖于水资源安全，因此有着更高的支付意愿。家庭位置在第一阶段开发区的受访者支付意愿高于家庭位置在第二阶段开发区的受访者。可能的原因是随着涪陵页岩气田技术水平的提高和对生态环境改善的重视，第二阶段开发区的水资源安全得到了更好地保障，人们受到的水资源安全威胁影响更小。在感知特征中，受访者对生态环境和生态政策的整体感知对WTP没有显著影响；但是，受访者对页岩气与水资源相关的影响满意度越低，WTP越高。也即，当地居民认识到改善页岩气开采过程中的水资源安全能够增加个体福利，并愿意支付一定的费用来提高水资源安全。

4.2.5 价值评估结果

WTP估计的结果可以用来估计人们从水资源安全改善中获得的福利，这也是价值评估研究的主要目的。通过对表4.3中的估计结果显著的变量，基于变量的期望值和系数进行加权，可以得到改善涪陵页岩气田水资源安全的价值。对于模型1、模型2和模型3，本书分别计算了对应的价值评估均值、标准差和均值95%的置信区间，如表4.4所示。

表4.4 价值评估结果

年均支付意愿	均值	标准差	95%的置信区间
模型1	32.459***	1.236	[30.036, 34.882]
模型2	40.411***	4.023	[32.525, 48.296]
模型3	32.655***	0.903	[30.886, 34.425]

注：*，**，***分别代表参数估计结果在10%、5%、1%的置信水平下显著。

表4.4显示，从不同模型获得的WTP之间差异很小，这也验证了本文WTP估计结果的稳健性。如上所述，由于模型3的统计效力优于其他两个模型，本文将以模型3的结果为准来讨论水资源安全的价值。模型3显示户均WTP为32.655元/年，其95%置信区间为30.886元至34.425元。在涪陵地区，当地天然气使用价格为阶梯价格，最低一档为天然气用量在500立方米以下时的价格为1.72元。因此，当户均页岩气使用量为500立方米时，我们得到的户均WTP占家庭基本天然气支出的3.80%。

为了估计整个地区改善水资源安全的整体价值，我们将估计的WTP均值从我们的研究地区转移到整个涪陵页岩气田所在地区，包括涪陵区、南川区和武隆县。整个地区包括61.9万户家庭，因此可以得到总的收益为2020.2万元/年。由于当地页岩气生产企业在我们调研当年用于环保支出的金额约为7000万元人民币，我们所估计得到总的收益约占企业环保支出的29%。此外，使用4.35%的折现率（2018年的一年期基准贷款利率），可以得到加强水资源安全总的现值约为4.64亿元，这表明改善当地水资源安全有着巨大的福利效应。

价值评估的结果表明，当地居民对页岩气开采过程中增强水资源安全具有显著的偏好，水资源安全这一公共池塘资源的价值为2020.2万元/年，只要水资源安全保障政策的成本低于这一数值，就说明投入是值得的。价值评估的结果可以为挑选成本有效的水资源管理政策提供依据。

4.3 公共池塘生态产品购买制度的构建

4.3.1 公共池塘生态产品购买制度的现状

公共池塘生态产品的购买由于缺乏和普通商品一样具有市场和公允价值，尚未形成有效的市场平台和交易机制（马涛，2012），不利于对这类生态产品的保护（张金泉，2005）。目前，对公共池塘生态产品购买的实现有两类工具：一类是产权交易市场，包括排污权交易、碳排放交易、水权交易等有形的集中交易市场；另一类是生态系统服务付费，是对受益者进行收费，通过受益者和保护者之间达成的协议，前者对后者的保护行为进行购买的方式（张捷和王海燕，2020）。国内关于公共池塘资源的市场化购买模式有：一是基于农村社区的自然资源购买机制，把生态资源的保护成本在城市和农村之间进行分摊，通过城市居民对农村居民付费的方式购买生态资源的一种制度；二是信用购买模式，保护资源的一方通过其保护的公共池塘生态产品拥有信用，受益者则通过特定的渠道购买这种信用；三是融资购买，通过金融市场和金融工具为公共池塘生态产品的保护进行专项融资（朱建华等，2018）。这些购买模式在森林、公共草原等方面已经有部分实践，生态产品市场化购买机制正在逐步形成。

我国公共池塘生态产品所承载的自然资源，例如共有森林、水资源、矿产资源，其所有权属于国家或集体，但是使用权归个人和企业。这种所有权和使用权的分离，引发了公共池塘生态产品的损失由谁承担、治理由谁保障的问题（曲福田和冯淑怡，2001）。在权属混乱的情况下，公共池塘生态产品的供给受到很大的制约，其价值也很难通过市场购买实现。从长远来看，公共池塘生态产品的价值由市场衡量，即通过市场化购买的制度设计是其发展的一种趋势。但是目前来看，公共池塘生态产品的价值并未通过市场得到完全的体现，公共池塘生态产品的管理方式、交易过程也需要更多市场力量的参与（曲福田和冯淑怡，2001）。

4.3.2　公共池塘生态产品购买制度的构建方式

（1）购买主体

公共池塘生态产品的购买涉及多个利益主体，良好公共池塘生态产品的实现需要相关利益主体的共同参与，不能仅依靠政府的力量来解决生态产品的供需矛盾（秦颖等，2018）。参与公共池塘生态产品购买的主体有政府、居民、各利益集团、第三方辅助机构和外部利益主体这5类。“政府”包括中央政府和地方政府，中央政府作为统筹者和调节者，统筹公共池塘生态产品的经济、社会和生态效益，地方政府是公共池塘生态产品补偿机制的执行者，同时政府通过税收减免、特许经营、直接注资等政策引导各利益主体（主要指企业）主动参与公共池塘生态产品的供给；第三方辅助机构包括支持机构和监督机构，为补偿机制的正常运营提供金融工具和法律支持等活动；公众和企业也可以通过自然资源保护信托这类机构参与对公共池塘生态产品的付费；外部利益主体包括公共池塘生态产品所在空间的使用权人、邻近区域的地方政府、非政府组织等，这类主体有可能会因为其所能够利用的公共池塘生态产品数量的变化而对生态补偿进行支持或者阻碍（于鹏，2019）。

（2）购买方式

公共池塘生态产品购买的方式主要包括了以下三种。一是典型的由政府主导的购买；二是通过市场主体参与的购买；三是建立信用基金购买的模式。国内的公共池塘生态产品购买，大部分是政府在购买的过程中起主要作用，提供直接或者间接的购买，实现受益者和保护者之间资源的分配（毕建培等，2019）。结合我国现有公共池塘生态产品购买情况，本书认为公共池塘生态产品购买的需要实现了从以政府为购买主体转向货币购买、生产条件购买和生活条件购买的多元购买方式。

第一，货币购买。货币购买方面借鉴欧美国家成立公共池塘生态产品信托的模式，或者社区团体订购公共池塘生态产品的形式。通过国家或者地方政府成立的公共池塘生态产品交易市场，将良好的公共池塘生态产品作为交易目标的，受益于公共池塘生态产品的公众成立区域性的专项基金，并成立专门的委员会对专项基金进行管理，向公共池塘生态产品的生产和保护主体（主要指政府）进行直接购买或者签署购买协议（于鹏，2019）。

第二，生产条件购买。生产条件购买由受益的公众和企业对公共池塘生态产品提供地区在生产环保、产品销售等方面给予专项扶持、定点采购等。同时也可以由政府出台相关的法律法规，在产品价格中按照一定的标准加入公共池塘生态产品的治理费用（毕建培等，2019）。

第三，生活条件购买。生活条件购买是由受益地区的公众和机构对保护区的公众提供教育、医疗等方面的扶持，而且应该同时强化地方政府对于引导水资源安全等生态产品保护的政绩考核（于鹏，2019）。将地方政绩的绩效考核与公共池塘生态产品质量目标和相关的补贴相挂钩，建立基于公共池塘生态产品绩效目标的奖惩机制，如果市场化生态购买机制的效果明显，公共池塘生态产品的供给得以稳步改善，则增加购买资金规模和对公共池塘生态产品提供者的补贴力度，反之，如果公共池塘生态产品的供给不足，则表明对生态环境的保护落实不到位，可以扣减相应的补贴，形成一定的约束机制（朱建华等，2018）。

4.3.3 公共池塘生态产品购买制度的应用

水资源安全作为公共池塘生态产品的代表，对于公共池塘生态产品购买制度的构建具有重要的参考价值。类似于页岩气开发、水电站的建立等人类活动对水源安全的影响已经不容忽视。在西南地区，由于特殊的地理条件，岩溶渗漏、季节性的水资源短缺以及自然灾害的交替等原因导致该地区长期受到水资源安全问题的困扰。目前，该地区主要通过表层岩溶带进行有效开发，以蓄、引、提、排的方式对水资源进行合理的开发利用（蒋忠诚和袁道先，1999；邹胜章等，2006）。近年来，随着页岩气开采范围和强度逐渐增加，对当地居民的生产和生活用水安全造成了负面影响（夏良玉，2019）。为保障水资源的可持续发展，推进自然资源和生态环境保护的建设，就需要在页岩气开发过程中建立切实可行的水资源安全保障制度（夏良玉，2019）。

重庆涪陵焦石坝是我国首个实现规模化商业化开发的大型页岩气田所在地，是名副其实的关系国家能源战略的重大工程项目。页岩气开采工程规模大、建设周期长、影响因素众多，对当地的生态环境构成了较大的隐患，是当地社会发展的不稳定因素。此外，页岩气开采工程的利益分配十分复杂，利益主体也包括了政府、主建方和当地公众，利益分配过程涉及不同主体之间的复杂博弈。不同的主体都期望在工程中尽可能多地获取利益，而不同主体代表追求的利益存在很大的差异。从政府层面上看，页岩气是国家的能源战略工程，能提高国家财政收入，市级地方政府可以通过开发相关产业链带动GDP大幅增长，提高地方经济活力，辖区及基层政府也能在开发中获得收益，促进本地附属产业和第三产业的发展。工程开发的主导方是企业，生产开发气藏资源再通过市场运作满足商业利益诉求。但是水资源安全风险的承担者——当地公众是利益诉求的弱势群体。公众不能直接分享项目开发的经济收益，但是需要直接承担项目开发的各项风险和损失。

水资源安全是人类社会可持续发展的重要前提和基础，对国家的发展存在极其重要的战略作用。在我国，由于水资源归属国家所有，依然存在水生态安全制度和评价体系不够完善的问题。因此，可以考虑对水资源权力进行界定，使得其管理逐步走向市场化，并遵循市场交易规则运行。在水资源购买制度的构建方面，以清洁水资源作为交易目标，从货币购买、生产条件购买和生活购买三个方面进行考虑，切实解决水资源生态产品供给总量紧张、供给现状单一之间的矛盾，保持水资源安全的可持续性发展，保障居民的生活用水安全。

（1）货币购买。利用创新金融工具，设立以清洁水源为交易目标的专项基金，向保护主体直接购买或者以签订协议的方式购买。购买资金可以来源于当地页岩气开发工程所产生收益的一部分，或是当地居民生活成本上涨所带来的政府税收的增加。货币购买实质上是为确保水资源的安全而向页岩气开发企业进行的一种转移支付，以弥补页岩气开发企业采用更加严格的水资源保护手段所带来的成本的上涨。

（2）生产条件购买。依托页岩气产业发展规划，促进偏远山区的城镇化建设，重点支持天然气化工产业，利用白涛、龙桥这两个本土工业园区带动属地居民就业，此外开发企业应向当地居民提供更多对专业技术要求不高的岗位。结合当地城镇化发展的契机，将页岩气产生收益的一部分作为资金来源，结合当地产业发展模式为居民提供可持续的产业项目扶持。将项目带来的第三产业发展机会更多地提供给当地居民，通过金融、税收、教育的政策鼓励公众的创业和就业。出台财政、税收等激励政策，通过产业发展规划设计，尽可能地提高项目在当地社区产生的经济效益，充分利用山脉、河流、农田形成的自然分割和生态屏障条件，建设组团式、网络化、人与自然和谐共生的大产业集聚区和现代山水田园城市集群。在税费和转移支付等财政手段以外，引入现代金融手段，将补偿转换为产业项目投资创造就业，为重庆页岩气产业发展带来巨大机遇，也为当地产业发展与城镇化建设提供了动力。

（3）生活购买。在生活条件购买方面，出台更多的惠民政策，改善当地居民受教育的机会，使开发能源的同时能够惠及当地居民。同时，利用已经建设的页岩气开发示范区打造工业生态公园，加强道路修建，完善周边基础设施建设，促进公共事业发展。

4.3.4 公共池塘生态产品购买制度的保障

（1）宏观政策结合。公共池塘生态产品购买市场机制的建立离不开政府的主导作用，推动公共池塘生态产品的法制化进程和完善公共池塘生态产品购买的法律制度至关重要。第一，推动环境领域立法工作。将公共池塘生态产品进行购买的规章、制度和政策立法，以一个固定的法律形式呈现，加快生态补偿发展的法制化。第二，将公共池塘资源安全纳入税收体系，建立切实有效的税收政策。在流转税环节，对于公共池塘生态产品破坏的产品或者服务，增加一定比例的消费税，相反，对于公共池塘生态产品保护的产品或者服务，给予一定的税收补偿。在所得税方面，将有关公共池塘生态产品购买或者公共池塘生态产品保护的部分，进行税前扣除（郑湘萍和何炎龙，2020）。

（2）完善排污权市场交易平台。在一级市场中，由政府主导，政府采用拍卖、竞标的方式对初始的污染物排放权进行分配，出售污染物排放权所获得的资金可以用于保护与发展公共池塘生态产品的供应方；在二级市场中，由各个排污主体主导，这些主体可以卖出其通过节能减排所剩余的污染物排放余额，或者是买入污染物排放余额。在二级市场中，政府的作用是做好交易价格信息平台的设计工作，并对每一笔交易进行监督与管理工作，确保各个排污主体按照规则进行污染排放权的交易；各个排污主体获得更多的自主权，在追求自身利益最大化的过程中，通过市场信息对污染排放权进行重新配置（郑湘萍和何炎龙，2020）。

（3）构建多元、多层次的公共池塘生态产品购买制度。首先在货币购买方面，成立特定公共池塘生态产品购买的专项资金，通过直接购买或者签订协议的方式购买，为这类生态产品的供给提供直接的物质激励。其次，在生产条件购买方面，可以对公共池塘生态产品的供给地区提供基建、采购项目上的扶持；也可以采用税收的手段对公共池塘生态产品进行市场化购买，比如对污染性企业征收生态保护金，将公众对生态产品的付费内置于企业的生产成本之中。再次，可以按照“污染者及消费者付费”原则，将保护的责任明确到个人或者企业，采取谁使用，谁付费，谁破坏，谁交钱的模式；在生活条件方面，出台更多的惠民政策，改善公共池塘生态产品供给地区的基础设施建设、公共卫生条件等，对当地居民进行补偿。最后，将公共池塘生态产品的保护进行指标化，将其纳入地方政府的绩效考核制度中，通过建立生态产品绩效目标的奖惩制度，对其保护行为进行监督。

4.4 本章小结

公共池塘资源是一种大家共同使用公共资源又分别占有资源利益的公共资源，由于其具有非排他性和竞争性的特点，使得公共池塘资源的产权为一种特殊的混合产权制度。由于公共池塘资源作为一种公共的生态产品，市场机制下对其难以给予合理的定价，故对这种特殊的生态资源的价值评估的作用就极为重要。同时，使水资源管理逐步市场化，以清洁水源为交易目标，通过一定形式下的水资源购买，来实现公共池塘资源的可持续发展。本章的主要研究结论如下：

（1）本章的实证部分以页岩气开采过程中的水资源安全为例，使用双界二分式条件价值评估法进行了公共池塘资源的价值评估。结果显示，当地居民关注页岩气开采带来的水风险，每户愿意为加强水资源安全的支付意愿为每年32.655元，占每户年基本燃气费的3.80%。此外，模型结果显示，年龄较大、居住在第一阶段开发区、收入较高、主要来源于农业活动以及对SGE的环境影响不太满意的受访者支付意愿较高。这可以解释为受访者对当地水资源的依赖程度较高，或者渴望改善当地水环境的居民更有意愿改善当地水资源安全。

（2）通过将估算的支付意愿值转移到受页岩气开采影响的涪陵页岩气田，可以计算得到水安全的增强能够产生的社会福利为2000万元/年，约占当地页岩气开采公司2017年水资源保护支出的1/3。以中国2018年一年期基准贷款利率4.35%的贴现率计算，提高水安全的总现值约为4.64亿元。对水资源安全的价值评估可以为决策者提高水安全的决策提供合理性，从而使政策与社会需求保持一致。在这种情况下，决策者在做出环境保护决策时，不仅要考虑生产成本，还要考虑严格的环境法规所带来的公众利益。

（3）通过对水资源安全的价值评估，可以为相关的政策制定过程提供相关信息，也可以对其他公共池塘资源进行进一步的分析，让决策者了解人们对不同资源的偏好信息，从而提高公众对环保政策的支持水平。

（4）水资源安全是人类社会可持续发展的重要前提和基础，对国家的发展有极其重要的战略作用。在我国，由于水资源归国家所有，依然存在水生态安全制度和评价体系不够完善的问题。因此，可以考虑对水资源权力进行界定，使得其管理逐步走向市场化，并遵循市场交易规则运行。在水资源市场购买制度的构建方面，以清洁水资源作为交易目标，从货币购买、生产条件购买和生活购买三个方面进行考虑，切实解决水资源生态产品供给总量紧张、供给现状单一之间的矛盾，保持水资源安全的可持续性发展，保障居民的生活用水安全。

五、俱乐部生态产品的购买制度

5.1 俱乐部生态产品的价值

5.1.1 俱乐部生态产品的特点

俱乐部生态产品（Club Goods）具有排他性但不具有竞争性（Platje & Kampen, 2016；陈国庆和王叙果，2007），只有支付了费用的俱乐部成员才能够消费（或使用）（保建云，2007）。俱乐部生态产品一方面具有排他性，只提供给付出一定成本的消费成员；另一方面，具有非竞争性但往往存在客观的“拥挤临界”（Datta & Fraser, 2017），俱乐部成员的增加或其消费量的增加在一般情况下并不会损害俱乐部产品的质量——即消费俱乐部产品在一般情况下没有负外部性，而一旦超过“拥挤临界”，俱乐部产品消费将产生负外部性（Sandler & Tschirhart, 1997）。

为了构建有效的俱乐部生态产品购买制度、实现经济社会环境的可持续发展，首先要明确俱乐部生态产品的特点。与地理因素紧密相关的生态产品往往具有俱乐部产品的特性。例如，干旱地区的城市绿洲是具有俱乐部产品特性的生态物品之一，是生活生产的必需资源，具有大量的经济收益和社会收益，但往往由临湖居民享有更多收益和维护成本（Abbott & Klaiber, 2013）。海滩也是俱乐部生态产品之一，具有显而易见的生态价值、经济价值和社会价值（Semeoshenkova & Newton, 2015）。以地中海国家意大利为例，以“阳光、海洋与沙滩”（3S）闻名于世的海滩旅游为意大利贡献了3%的经济收入和3.5%的工作岗位（Merli et al., 2019）。私人部门通过短期许可承包海滩，获得海滩经营权，同时承担维护海滩的义务。由此，海滩旅游在意大利成为俱乐部生态产品，而私人承包主体则在海滩的经营和维护过程中扮演了至关重要的角色（Aguiló et al., 2005; Roca & Villares, 2008）。然而，承包海滩的私人主体往往忽略了海滩的生态价值和社会价值，使得海滩旅游供给过量，形成了“公地悲剧”，海滩维护供给不足，产生了大量的“搭便车”行为，使得意大利海滩的生态环境被破坏、市场评价恶劣，海滩旅游产业受到严重打击，损失了大量的生态价值、社会价值和经济价值（Merli et al., 2019）。因此，通过构建合理的海滩旅游购买制度，实现经济社会环境的可持续发展，是社会各界的关注重点之一（Merli et al., 2019; Semeoshenkova & Newton, 2015）。

此外，国家公园等生态涵养保护地的生态系统服务也具备俱乐部生态产品的特性，例如跨省界的中尺度江河、地方行政辖区内的小尺度江河或者城市饮用水水源地等（俞海和任勇，2008；王志凌，谢宝剑和谢万贞，2007）。文化服务类生态产品由于存在享用的门槛也属于俱乐部产品，包括生态旅游、自然景观、美学享受、精神体验等，是仅供提供或接受文化服务的成员享受的生态产品（王夏晖等，2020）。

5.1.2 俱乐部生态产品价值实现的方式

如何设计和实施俱乐部生态产品的购买制度，是人们普遍关注的热点内容。一方面，俱乐部生态产品中蕴含的实际价值远远超过其维护成本，而这些价值中的大部分往往被部分居民所独占共享（Abbott & Klaiber, 2013）。另一方面，在完全市场机制中，诸如生态旅游等俱乐部生态产品的受益人往往能够享受收益并逃避成本（Mzembe et al., 2020; Potoski & Prakash, 2013）。因此，如何权衡“少部分人享有俱乐部生态产品，使得其使用价值远远低于整体价值”以及“扩大俱乐部生态产品受众以开发其使用价值带来的生态破坏”，是设计和实施俱乐部生态产品购买制度的关键和难题。

以文化服务类俱乐部生态产品为例，其价值实现的具体手段包括红色旅游、传统文化和生态结合旅游、纯自然风光与扶贫结合旅游、生态康复等（王夏晖等，2020）。例如，广西壮族自治区金秀瑶族自治县依靠得天独厚的生态优势和瑶族文化资源，发展瑶乡生态文化旅游和绿色观光农业，培育出瑶族民俗村、特色瑶族民宿群、瑶族文化博物馆、瑶药产业基地、药茶产业示范园等一大批生态产业；通过挖掘乡村历史、民族文化资源和环境整治，为乡村旅游业发展打下良好基础，推动生态与文化、旅游深度融合，不断促进生态资产向生态资本转变。又如，贵州省黔东南州西江千户苗寨依托民族文化遗产发展乡村旅游。再如，井冈山长路村依托井冈山红色旅游胜地品牌，结合地方民俗发展旅游业，以旅游业带动生态田园发展，通过“红色旅游+特色生态经济”双轮驱动，运用旅游主导下的特色乡村开发模式，实现了三产结构优化调整，推动了长路村生态经济获得长足发展。

5.1.3 俱乐部生态产品购买制度建立的意义

通过设计和实施俱乐部生态产品的购买制度，不仅能够促进该类产品的价值实现，并且能够推动其价值共享。如前文所述，俱乐部生态产品中蕴含的实际价值远远超过其维护成本，一方面，在完全市场机制中诸如生态旅游等俱乐部生态产品的受益人往往能够享受收益并逃避成本（Mzembe et al., 2020; Potosky & Prakash, 2013）；另一方面，这些价值中的大部分往往被部分居民所独占共享（Abbott & Klaiber, 2013）。通过推动俱乐部生态产品购买制度，通过生态资源的价值实现，一方面落实生态资源受益者对生态资源的维护，另一方面推动生态资源价值实现，使更大规模群体共享生态资源。例如，由于全社会对可持续发展的认可和追求，绿色实践（green practices）能够帮助企业建立竞争优势（Dodds & Holmes, 2016; Han et al., 2009; Zielinski & Botero, 2015）；具体而言，企业实施俱乐部生态产品的生产、供给和维护等绿色实践，能够提高市场满意度（Leaniz et al., 2018; Xu & Gursoy, 2015）、品牌忠诚度（Yusof et al., 2016）以及支付意愿（willingness to pay，WTP）（Lee et al., 2010; Teng et al., 2012）。因此，下文将以生态旅游产品为例，评估生态旅游的社会价值。

5.2 生态旅游的价值评估

5.2.1 背景介绍

生态旅游产品的使用往往需要支付一定的旅行成本，因而具有一定的排他性；同时对于付出费用的使用者而言可以随意消费，不具有竞争性。因此，生态旅游产品属于俱乐部产品。本文的研究区域为三江源地区的青海省囊谦县毛庄乡。囊谦县地处青藏高原东部、青海省南部，面积1.1万平方公里，归玉树自治州管辖，县城距离自治州州府约200公里，县政府所在地为香达乡。毛庄乡为囊谦县的十个县辖乡之一，位于县城东北部，距离县城68公里，海拔3100米至6282米，面积815.9平方公里，平均气温7.1℃，年降水量510.1毫米。2016年末辖区共有1592户，总人口8974人，其中农业人口427人，牧业人口8547人，均为藏族；贫困人口总数695户、2488人，占全乡人口总数的26.7%；有可利用草场120万亩，耕地面积5316.8亩，总播种面积4300亩，其中粮食种植面积3820亩；主要农作物是芫根、土豆等，在牲畜养殖方面，全乡共养殖牛30847头，马622匹，羊26只。毛庄乡属于澜沧江源头汇水区，是典型的高原森林、湿地和草原生态系统，不仅有着丰富的生物多样性和自然资源，包括珍稀野生动物雪豹、林麝、石羊、麋鹿和白唇鹿等，珍稀野生植物冬虫夏草、大黄等，还有着广阔的高山草甸草场和13条大小不一的融雪水沟水源，这些融雪溪流最后汇入杂曲河，是澜沧江的重要源头之一。毛庄乡下设孜多、孜买、孜荣、玛永、赛吾5个村（牧）委会，当地经济发展以畜牧业（绵羊、牦牛、马）为主，有麝、石羊、冬虫夏草、大黄等野生动植物资源。

毛庄乡在拥有丰富的生态资源的同时也面临着较深层次的贫困问题，如何发挥当地生态资源的优势，实现经济发展与资源保护的可持续发展是该乡面临的重要问题。为此，毛庄乡从2013年开始大力发展生态旅游项目，致力发挥当地生态环境的优势，发展当地经济，帮助牧户脱贫致富。在毛庄乡的旅游景点主要有江西林场、尕丁寺和苏莽寺。江西林场位于三江源保护的核心地带，林区属于草原大陆性气候。林场内的森林资源分布主要有以莎草科、高蒿草、矮蒿草、禾本科草为主的高山草甸植被；动物资源主要有棕熊、狗熊、林麝、猕猴、麋鹿、雪鸡、雪豹等30余种野生动物。尕丁寺建于明嘉靖十四年（1535），既是一个宗教圣地，也是自古兵家必争之地，围绕尕丁寺的一些宗教战争和政治争斗时有发生，是个非常有故事的寺庙。而且尕丁寺的位置非常独特奇妙。寺前的河水是澜沧江支流，河水弯弯，在寺庙前画了一个完美的S形，如果用无人机在高空俯视，河水的走向犹如一个大大的太极标志。尕丁寺和另外一所建筑正好在太极的阴、阳眼处，在尕丁寺前的大回漩也是澜沧江上游最大最漂亮的拐弯之一，现已是玉树的旅游胜地。苏莽寺占地600亩，坐落在毛庄乡政府所在地的囊杰山坡上，是玉树地区政教合一的三大寺院之一。寺院全称为“巴扎西苏莽隆周楞”，意为“吉祥苏莽任运成就洲”，属噶玛噶举系统的苏莽噶举派，约在十五世纪初明永乐年间，由噶玛噶举派黑帽系第五世大宝法王德行协巴（1383—1415）的弟子帐马赛·罗周仁钦创建，距今已有593年的历史。传后世经文五部，为该派后来的主诵经卷。寺内主供释迦牟尼、莲花生、噶举派历代祖师、护法神等佛神像。苏莽寺拥有十六尊者（一级文物）、唐卡一幅（一级文物）、帐玛赛·罗周仁钦肉身佛像，大明宣德年锐钹一个等诸多文物。此外，毛庄乡还有着丰富的地表径流、风景优美的草原、大片的原始森林，沿途山势巍峨、松柏苍翠、经幡飘扬，其丰富的动、植物资源与民族文化资源在打造生态旅游产品方面有着独特的优势。

毛庄乡生态旅游产品的开发能够带动当地其他产业的发展，为当地居民提供了就业机会，能够有效促进当地社会经济的发展。自2013年以来，毛庄乡开始加大投资发展生态旅游的基础设施建设，开始关注如何从自然与文化资源获取经济利益，与此同时，如何实现对生态旅游资源的合理开发并实现旅游经济的可持续发展成为当地的一个现实问题。在毛庄乡开发利用当地资源的休闲游憩功能过程中，有必要进一步研究和评价毛庄乡的休闲游憩价值，明确当地生态旅游资源的重要性，从而为当地生态旅游产品的开发和管理提供科学的决策依据。

5.2.2 实证设计

（1）研究方法

旅行成本法（travel cost method，TCM），是一种采用显示偏好法来评估生态旅游产品价值的方法。旅行成本法源自于1947年哈罗德·霍特林（Harold Hotelling）提出的一种将游客所面临的旅行费用与自然保护地经济价值联系起来的方法，以此为美国国家公园管理局对自然遗产的经济价值的评估提供方法上的建议。随着Clawson & Knetsch（1966）对这一方法的完善，旅行费用法（TCM）在上世纪八十年代开始被广泛地用于评估具有较强的娱乐用途的湖泊、海滩、森林等区域的生态产品价值。本书将旅行成本法用于对毛庄乡生态产品购买制度的研究，通过前往毛庄乡进行生态旅游游客的旅行费用来计算得到毛庄乡所提供生态产品的需求曲线，在此基础上获得游客的消费者剩余价值。

旅行费用法在价值评估方面的贡献是使用创新的方法来计算消费者剩余，将旅行目的地所提供的生态产品作为一种准公共物品，假定其市场交易信息通过旅行者的旅行成本来反映。在计算过程中是以旅行者的交通费用、门票费用、目的地消费等合计得到总的旅行费来反映游客的需求曲线；按照一定的标准对旅行者进行分组，常用的分组标准有收入、距离等，用来估计每一类旅行者的旅游率。但是，使用旅行费用法存在一定的缺陷：作为一种显示偏好的方法，旅行费用法只能对使用价值进行评估，不能反映生态旅游产品的非使用价值，因而获得的消费者剩余将很有可能会严重低于生态产品本身的经济价值；此外，通过旅行费用法获得的生态旅游产品价值与目的地的社会经济状况存在较强的相关性，因此目的地的经济发达程度、民族风俗习惯、基础设施条件等状况都会显著影响到生态旅游产品的价值，因而旅行费用法获得的消费者剩余实际上并不能很好地反映生态旅游产品本身的价值，而更多的是社会经济结构的反映。

多年以来，学者们对旅行费用法进行了不断改进以更为准确地使用旅行费用法衡量生态旅游地的价值，逐渐形成了三种理论模型。①区域旅行费用模型，这一模型是该方法最简单、最广泛使用的模型。它通过收集不同组别（如基于距离、收入的分组）到旅行目的地的访问次数和往返费用信息，将访问率和旅行成本和受访者的其他社会经济变量进行回归，以建立数学关系，从而可以构建旅行者的需求曲线，进一步推断目的地的生态旅游价值。②个人旅行费用模型，该模型收集的信息相对于区域旅行费用模型更为详细，包括旅行目的、游客个人喜好、替代物品的情况等，并且不再将同一个分组内的个体视为相同的个体，而是以个体为单位计算每个个体的需求函数。③随机效用旅行费用模型，这一模型假定每个旅行者存在多种具有不同质量特征的旅行目的地，个人在不同目的地之间进行权衡，根据旅行者选择的结果建立个体效用与目的地特征和个体特征的函数关系。随机效用旅行费用模型相对于其他两个模型更为复杂，不仅需要收集研究目的地的各类特征信息，还需要与其他替代品特征信息进行对比，通过多目的地的比较评估来评估特定目的地的价值。

（2）问卷设计

为保证抽象样本量的合理性，本文采用了统计学的经验样本确定公式$n=N/[(N-1)\delta^2+1]$，其中n为经验样本量，N为旅行目的地每年的游客量，δ为抽样误差。根据毛庄乡当地人员估算，2019年毛庄乡接待游客为3000人次，将抽样误差设定为6%（刘亚萍等，2012），那么根据公式可以得到所需要的经验样本量为254人。在此基础上，由于问卷调查中可能会产生一定的无效问卷，最终本文设定了目标问卷数量为300份，保证了用于旅行费用法的样本要求。

为获得建立旅行费用法估计模型所需的数据，本书主要采用了以网络调研为主的调研方法。首先，针对毛庄乡进行了实地探访和预调研，在此期间收集到了毛庄乡的面上资料并对问卷内容进行了测试。之后，根据预调研的结果对问卷内容进行了调整。最终的问卷主要包含两个方面的内容：一方面是受访者的个人基本信息，如性别、年龄、收入等；另一方面是受访者的旅行费用情况，如交通成本、停留时间、目的地花费等。最后，使用腾讯问卷进行了网络调研。在2020年3月，通过毛庄乡当地旅游机构发放了问卷，针对到访过毛庄乡的游客收集了上述问卷信息。

5.2.3 计量模型

由于毛庄乡独特的生态旅游资源很难对其替代品进行定义，因此本书使用区域旅行费用模型来估算旅客的需求曲线，建模的详细步骤如下。

（1）毛庄乡属于三江源自然保护区内的旅行目的地之一，地处偏远且知名度不高。因而游客多为对三江源地区感兴趣的非周边游游客，在预调研中我们也发现游客前往毛庄乡的交通工具是以飞机为主，这意味着如果通过距离进行分组将会集中分布在某些组。因此，本文根据刘亚萍等（2012）的研究，使用旅行成本对旅客进行分组，通过问卷收集每个定义的收入组旅客的旅游率。通过样本信息，结合毛庄乡总的旅游人数，可以计算得到每个定义组的旅客数量和相应的旅游率。

（2）计算每组游客从出发地到毛庄乡的往返平均费用。往返费用的计算包含了游客的交通成本，如机票、油费、通行费、火车票、租车费、停车费等费用；旅行目的地花费，如购买纪念品、住宿、吃饭、门票、设备租赁等费用。

（3）由于旅行者到访毛庄乡需要花费一定的时间，而这些时间所具有的机会成本也应被计入旅行成本之中。如果忽略了旅客的时间成本将会低估生态旅游产品的价值，通常会用旅客的工资作为时间成本。但是，休闲活动通常在无法工作的周末或节假日，这意味着人们通常并不认为这些用于休闲活动的时间价值和工作的时间价值是等量的，因此本书采用旅行者的收入水平的1/3为标准（刘亚萍等，2012）来计算旅客旅行的时间成本。

（4）在确定旅行费用时，存在旅行者多目的地旅行的情况。毛庄乡作为三江源保护区的一部分，多数人到访毛庄乡的同时也会前往周边著名景点进行旅行，此时旅行就存在多个目的地的情况。在多目的地旅行中，困难在于确定应归因于所讨论的毛庄乡的访问所产生旅行费用的份额。目前，尚没有统一的方法来对多目的地的旅行成本进行单一目的地分摊，本书采取的方法，使用在毛庄乡旅行的天数占总旅程天数作为交通费用的分摊标准。在调研中涉及的旅行目的地花费，由于是针对毛庄乡单一目的地的调研，所收集到的数据不需要进行分摊。

（5）建立回归模型，估计旅行者消费者剩余曲线。对回归模型的设定原理是，不同分组的旅行率与相应的旅行成本相关联，可以在此基础上继续加入一些社会经济变量来估计多个回归模型。多个回归模型之间的区别在于，模型设定形式可能存在一定的差异，例如线性、半对数等函数形式（Prayaga et al., 2006），以便于寻找能够与收集到的数据拟合程度最好的曲线。在确定函数形式之后，可以只含一个预测变量，用旅行成本来解释旅行率，也可以通过加入更多的社会经济变量来获得消费者剩余曲线。将旅行率记为Y，旅行费用记为TC，其他社会经济变量记为X，可以建立如下形式的回归方程，并进行函数形式的选择：

$$\begin{aligned}&\text{线性函数：}Y=\alpha+\beta*\mathrm{TC}+\mathbf{B}*\mathbf{X}+\varepsilon\\&\text{二次函数：}Y=\alpha+\beta*\mathrm{TC}+\gamma*\mathrm{TC}^2+\mathbf{B}*\mathbf{X}+\varepsilon\\&\text{半对数函数：}\exp(Y)=\alpha+\beta*\mathrm{TC}+\mathbf{B}*\mathbf{X}+\varepsilon\\&\text{对数函数：}\ln(Y)=\alpha+\beta*\ln(\mathrm{TC})+\mathbf{B}*\ln(\mathbf{X})+\varepsilon\end{aligned}\tag{5.1}$$

5.2.4 实证结果

（1）样本特征

通过腾讯问卷调研回收得到了276份有效问卷，根据这些问卷统计得到毛庄乡现阶段的游客基本构成如表5.1所示。由表5.1可知，毛庄乡的旅行者在来源上有一些明显的特征，例如到访毛庄乡的游客以女性为主，且年龄集中在18~49岁，旅游方式以专业组织机构安排的非自助游为主，以飞机为主要长途交通工具，多数旅客在单次旅行中的目的地还包括毛庄乡之外的地方。在出发城市中，我们将出发城市排名在前六位的地区单独列出，可以看到多数是从北京出发，其次为广东和四川。停留天数问题中，频率最高的天数为3天，其次为1天。

表5.1　样本特征的描述性统计分析（样本量=276）

变量	选项	人次	百分比	累计百分比
性别	男＝0	98	35.5%	35.5%
	女＝1	178	64.5%	100.0%
年龄	18~29岁＝1	73	26.4%	26.4%

续表

变量	选项	人次	百分比	累计百分比
年龄	30~39岁=2	96	34.8%	61.2%
	40~49岁=3	93	33.7%	94.9%
	50~59岁=4	14	5.1%	100.0%
旅游方式	非自助游=0	225	81.5%	81.5%
	自助游=1	51	18.5%	100.0%
长途交通工具（多选）	飞机=1	219	79.3%	79.3%
	火车=2	39	14.1%	93.5%
	公共汽车=3	17	6.2%	99.6%
	租车=4	151	54.7%	154.3%
	自驾=5	56	20.3%	174.6%
出发城市	北京=1	76	27.5%	27.5%
	上海=2	13	4.7%	32.2%
	广东=3	29	10.5%	42.8%
	四川=4	38	13.8%	56.5%
	青海=5	26	9.4%	65.9%
	港澳台=6	16	5.8%	71.7%
	其他=7	78	28.3%	100.0%
多目的地	是，多目的地=0	39	14.1%	14.1%
	否，仅毛庄乡=1	237	85.9%	100.0%
停留天数	1天	35	14.9%	14.9%
	2天	16	5.8%	20.7%
	3天	167	62.0%	82.6%
	4天	22	8.7%	91.3%
	5~7天	16	6.9%	98.2%
	7~14天	3	1.8%	100.0%

由于毛庄乡位于三江源地区，每年各大旅行社从全国各地吸引的前往三江源的游客中，一部分游客会将毛庄乡作为旅行目的地之一。在旅行社规划的包含毛庄乡的线路中，将在毛庄乡停留的时间规划为3天，这也解释了本书收集的数据中停留天数在3天的比例最高的原因；同时旅行社规划的线路中也包含了毛庄乡之外的行程，总的行程通常为9天以供旅行者更好地领略三江源的风景，这也解释了为什么绝大多数的旅行者都是多目的地旅行。本书将长途交通工具作为多选题，发现多数旅行者会将飞机作为旅行工具，同时也会在乘坐飞机后选择租车（或包车）前往毛庄乡。这也符合当地的自然环境条件，在三江源地区不同景点之间的通勤距离较远，而且需要穿越高海拔地区，选择租车更能够节省旅行者的时间和精力。在出发城市中，来自发达地区的旅行者的比例最高，这也符合生态旅游作为一种休闲产品的特点，只有在人们收入达到一

定条件时才更有可能产生休闲的需求。此外，数据中还包含有一部分的港澳台地区游客，这是由于当地有一个特色的“游牧行”项目，每年接待不超过200人的港澳台地区游客在三江源地区进行深度体验游。年龄组成中，以青壮年为主，这是由于三江源地区海拔较高，在这一地区旅游需要较好的体力来适应当地的气候条件，因而会更适合体格相对较强的人群。

（2）旅游消费者剩余推算

如前所述，考虑到前往毛庄乡旅游的游客中有相当比例的远方游客，如果按照地理区域划分，来自周边地区的样本数量偏少，有低估生态旅游产品价值的可能。因此，借鉴刘亚萍等（2012）的做法使用实际旅行费用对样本进行分组，在本书中实际旅行费用包含了交通成本、目的地花费和时间成本三部分，具体的计算过程如下：

$$TC=\text{交通成本}\times\frac{\text{毛庄乡停留天数}}{\text{旅程总天数}}+\text{目的地花费}+\text{年薪}\times\frac{\text{毛庄乡停留天数}}{3\times 365} \qquad (5.2)$$

根据公式5.2可以得到276份样本的旅行费用，据此划分了21个旅行费用的区间，具体如表5.2所示。

表5.2　毛庄乡旅客旅行费用分组（样本量=276）

编号	费用区间	费用均值	人次	比例	累计比例
1	0~500	500	2	0.72%	0.72%
2	501~1000	750	10	3.62%	4.35%
3	1001~1500	1250	18	6.52%	10.87%
4	1501~2000	1750	25	9.06%	19.93%
5	2001~2500	2250	20	7.25%	27.17%
6	2501~3000	2750	23	8.33%	35.51%
7	3001~3500	3250	33	11.96%	47.46%
8	3501~4000	3750	34	12.32%	59.78%
9	4001~4500	4250	21	7.61%	67.39%
10	4501~5000	4750	15	5.43%	72.83%
11	5001~5500	5250	23	8.33%	81.16%
12	5501~6000	5750	19	6.88%	88.04%
13	6001~6500	6250	11	3.99%	92.03%
14	6501~7000	6750	6	2.17%	94.20%
15	7001~7500	7250	4	1.45%	95.65%
16	7501~8000	7750	3	1.09%	96.74%

续表

编号	费用区间	费用均值	人次	比例	累计比例
17	8001~8500	8250	2	0.72%	97.46%
18	8501~9000	8750	0	0.00%	97.46%
19	9001~9500	9250	2	0.72%	98.19%
20	9501~10 000	9750	2	0.72%	98.91%
21	>10 000~0	10 000	3	1.09%	100.00%

将费用区间记为[TC_i，TC_{i+1}]为第i个分组的旅行费用区间，将对应的样本数量记为N_i，对应的区间均值记为E_i。愿意在旅行费用区间[TC_j，TC_{j+1}]出游的旅客不仅包括当前分组的游客，也包含旅行费用高于当前分组区间的游客。因此，当旅行费用为[TC_j，TC_{j+1}]时，旅行的需求记为M_j，且$M_j=\sum N_i$ ($j\leqslant i\leqslant 21$)；当前旅行费用下的需求率记为P_i，且$P_i=M_j/276$为当前样本中有意愿在当前旅行费用区间前往毛庄乡旅行的比例。

将旅行费用区间[TC_i，TC_{i+1}]的旅行需求率，即P_i作为被解释变量，将该区间的均值E_i作为解释变量，建立如公式5.1所示的不同函数形式的线性函数。为了方便呈现参数估计的结果，将P_i的单位记为百分数，将E_i的单位记为千元，使用不同模型得到的参数估计结果如表5.3所示。

表5.3　毛庄乡旅客旅行需求函数的估计（样本量=276）

模型形式	参数估计	标准误	P值	R^2
线性	-11.75	0.78	0.00	0.923
二次函数	-23.96/1.16	1.56/0.14	0.00/0.00	0.983
半对数	-41.82	2.97	0.00	0.913
对数	-1.53	0.22	0.00	0.724

由表5.3可知，不同函数形式的估计结果中，二次函数的R^2最高，意味着模型整体拟合程度最好。因此需求函数采取了二次函数的形式，将其记为：

$$P_i = -23.96E_i + 1.16E_i^2 + 122.12 + \varepsilon \qquad (5.3)$$

根据式5.3可知，当旅行费用E_i为9240元或11 370元时，旅游率P_i降为0。由于分组的原因，导致落入超过8000元之后的分组样本较少，是二次函数的估计结果为开头向上的函数，为了保证旅游率不出现负值，本文采用了9240元作为旅游率降为0的临界点。

5.2.5 价值评估结果

对公式5.3进行积分可以得到消费者剩余公式5.4，如下所示：

$$\begin{aligned} CS_i = F(E_i) &= \int (-23.96\,E_i + 1.16E_i^2 + 122.12\,)dx \\ &= 122.12\,E_i - 11.98\,E_i^2 + 0.39\,E_i^3 + C \end{aligned} \tag{5.4}$$

其中，E_i的单位为千元。

由于统计误差的存在，本文依据公式5.3和公式5.4的估计结果，对旅行费用进行组间距较大的分组，并计算相应分组下的旅游率和消费剩余，如表5.4所示。其中，对应旅行费用区间的消费者剩余为$CS_i=F(9240)-F(E_i)$，旅行人数$N_i=N\times P_i$，总的消费者剩余为$\sum_i CS_i=N_i\times CS_i$。

表5.4 旅行费用区间的消费者剩余估算

分组	旅行费用（元）		旅游率	人数	消费者剩余	
	区间	均值			人均（元）	总（万元）
1	500~1500	1000	99.32%	2980	300824	89636.21
2	1500~2500	2000	78.85%	2366	211929	50134.67
3	2500~3500	3000	60.71%	1821	142341	25924.62
4	3500~4500	4000	44.89%	1347	89734	12084.61
5	4500~5500	5000	31.40%	942	51785	4877.37
6	5500~6500	6000	20.22%	607	26169	1587.73
7	6500~7500	7000	11.38%	341	10561	360.49
8	7500~8500	8000	4.86%	146	2639	38.43
9	8500~9500	9000	0.66%	76	20	0.15

如前所述，2019年毛庄乡接待游客为3000人次，基于此本书估算了在每个旅行费用区间的旅游人数和消费者总剩余。然后根据表5.4的结果最后一列的汇总可知，2019年毛庄乡生态旅游产品的总价值为18.46亿元/年。

另外，谢高地等（2003）使用Costanza et al.（1997）的研究框架，采用因子当量法对青藏高原高寒草地的研究结果显示温性草原的单位面积服务价值为每公顷4585.36元/年；刘敏超等（2005）同样使用Costanza et al.（1997）的方法将生态系统分为森林、草地、农田等，对三江源地区的生态系统服务进行价值评估的结果显示，三江源地区31.8万平方公里的面积总价值为3377.1亿元/年；李琳等（2016）使用净初级生产力评价的方法，研究表明占三江源地区总面积约85%的草原生态系统，其生态系统服务价值在2010年为1780亿元/年。由于毛庄乡总面积为815.9平方公里，根据这些学者的研究，可以估算使用生物学评价得到的毛庄乡生态资源总价值为3.74亿元/年（谢高地等，2003）、5.37亿元/年（李琳等，2003）、8.66亿元/年（刘敏超等，2005）。使用GDP平减指数，将生态学价值评估得到的结果折算到2019年分别为7.15亿元/年、6.81亿元/年和16.56亿元/年。本书估算得到的18.46亿元/年与使用生物学方法得到的结果属于同一数量级，进一步说明了本书结果的可信度。

生态旅游产品依赖于生态系统自然生产与人类生产，是由社会经济的基础设施与生态系统的调节、供给、文化服务共同组成的综合性产品。三江源独特的生态环境是生态旅游的价值基础，只有在生态红线的前提下进行生态旅游开发，才能保护生态旅游的环境基础，进一步保持和提升生态旅游产品的价值，增强人民群众幸福感。因此，如何通过购买制度，保持和提升生态旅游的价值，是下节要重点探讨的问题。

5.3 俱乐部生态产品购买制度的构建

5.3.1 俱乐部生态产品购买制度的现状

（1）俱乐部制度

俱乐部产品往往由“俱乐部制度”供给，这里的“俱乐部”是指一群经济主体或政治主体资源供给俱乐部产品，产生的成本和收益同样由这一群供给主体共同承担和分享（Platje & Kampen, 2016）。“盈利共享（Revenue Sharing）”机制是目前广泛使用的俱乐部机制之一（Loertscher & Marx, 2016）。一般情况下，俱乐部制度往往需要为成员提供更好的效益才能够存在（Mzembe et al., 2020），并且俱乐部成本不随成员数量增加而递增（Sandler & Tschirhart, 1997）、收益也不随成员数量增加而递减（Buchanan, 1965）。在数字经济时代，诸如Amazon、iTunes等数字平台提供着俱乐部产品——会员制付费阅读、会员制音乐播放等。实践和理论证明，俱乐部产品机制能够带来合作行为，并提供俱乐部产品供给（Bchir & Willinger, 2012; Swope, 2002）。

根据俱乐部的具体形式，又可以进一步分为“布坎南（Buchanan）俱乐部”和“准（Pseudo）俱乐部”两种具体形式：“布坎南（Buchanan）俱乐部”以布坎南（James M. Buchannan）提出的俱乐部理论为基础，是一种“群体资源共享（或共担）成本以谋求共同收益”的制度性安排（Bchir, 2014; Buchanan, 1965; Sandler & Tschirhart, 1997）。为此，建立布坎南俱乐部需要实现三个关键条件：（1）成本分摊机制；（2）惩罚机制；（3）独立评估机制。俱乐部通过成本分摊机制形成准入门槛，由此形成具有排外性的收益分享机制（Keohane et al., 2017）。建立俱乐部产品机制的核心在于保证成员从俱乐部获取排他性收益（Stewart et al., 2013），而该收益或直接来自于俱乐部（Buchanan, 1965）或间接来自于其他成员（胡王云和张海滨，2018）。“准（Pseudo）俱乐部”与布坎南俱乐部的核心思路一致，即“激励行为主体的参与意愿、实现有针对性的资源合作”（胡王云和张海滨，2018）。相较而言，准俱乐部更加注重利用排他性的方式生产和分配公共产品（或其他正外部性）。私营部门推动环境治理的“自愿俱乐部（Voluntary Club）”是实践较为广泛的准俱乐部形式，ISO-14064是这一形式的经典案例之一（Potoski & Prakash, 2009）。自愿俱乐部往往是通过制定环境标准、为符合环境标准的公司或产品提供认证等方式鼓励商业实体创造比政府要求更多的环境正外部性（胡王云和张海滨, 2018）。

表5.5　布坎南俱乐部与准俱乐部的要素对比

要素	布坎南俱乐部	准俱乐部
成员数量	固定	可变
俱乐部结构	稳定	具有流动性
参与成本	约束性资金支付（如会费）	非约束性行动支付（如减少碳排放量）
收益	俱乐部产品	俱乐部产品
	公共产品	公共产品
		私人收益（如声誉）
监督机制	有	无

在众多俱乐部式生态产品的供求实践中，气候俱乐部（Climate Club）是较为突出的一种机制和形式（Stewart, Oppenheimer & Rudyk, 2013）。尤其是在美国推出《巴黎协定》为全球气候治理蒙上阴影的背景下，能否利用气候俱乐部这一市场化的体制机制实现全球气候治理的高效和可持续发展成为国际关注

的焦点话题之一。一方面，化石燃料等不可再生资源与经济发展的矛盾和摩擦催生了俱乐部的产生；另一方面，气候变暖对欠发达国家的影响更加巨大，具有不对称的负外部性（Platje & Kampen, 2016）。

尽管理论研究和实验研究能够论证俱乐部制度对俱乐部产品供求和社会福利的有利作用，但部分学者却怀疑这一系列结论在实际中的可推广性（Cardenas & Carpenter, 2008; Ehmke & Shogren, 2009），往往受到参与主体（Bchir, 2014）和客观环境（Kamei, 2012）等多方面因素的影响。例如，有学者发现俱乐部产品的交易价格往往低于其实际价值（Hansz & Hayunga, 2012）。此外，对于以体验式产品（Experience Goods）为主的俱乐部产品，不同营销策略对社会福利的影响不同；尽管“不提供试用”的营销策略能够提高供给者总收益，但“提供试用”的营销策略却能够通过降低信息摩擦成本的方式提高社会总福利（Datta & Fraser, 2017）。

（2）“生态认证”计划

“生态认证”计划也被称为“可持续认证（sustainability certification）”或“生态标签（ecolabel）”，是提供俱乐部生态产品的重要机制之一，能够捕捉经济利益和社会价值、缓解市场失灵（Buckley, 2013; Font & Harris, 2004; Merli et al., 2019）。认证计划是较为典型的“自愿俱乐部（voluntary club）”，通过生产和分配特定的俱乐部产品，换取俱乐部成员的正外部性行为（或减少负外部性行为）的承诺（Mzembe et al., 2020）。例如意大利海岸的俱乐部承包，政府将海岸经营权和维护责任打包租赁给私人经营者，私人经营者相应承担经营收益和环保责任，一方面形成了海岸经营维护这一“生态俱乐部”，另一方面产生了若干海滩“旅游俱乐部”。

认证计划通常被消费者视为生态产品（或生态服务）的重要一环，这一环保承诺能够为生态产品供给者创造附加价值（Nath, 2009）。同时，参与到认证计划的企业——尤其是B2C企业，通过认证计划发送的信号，能够缓解利益相关者的信息不对称、减少信息搜寻成本，由此使认证俱乐部的成员企业区别于其他企业，最终建立正面的形象和声誉、加固与利益相关者的联系（Bullock & Ven, 2018; Mzembe et al., 2020）。由此，认证计划不仅能够建立企业的合法性和声誉（Esparon et al., 2014），并且能够帮助行业转型升级或抵御监管趋严带来的负面冲击（Ayuso, 2006）。

然而，逐渐有学者开始质疑认证计划的真实作用（Babakhani et al., 2020; Karlsson & Dolnicar, 2016），企业似乎也逐渐对认证计划失去了积极性（Dunk et al., 2016）。究其原因，在于两对矛盾：

第一，俱乐部成员对认证计划的成本收益预期与认证计划实际成本收益不相符的矛盾。一方面，认证计划可能面临市场竞争，使得单个认证计划的成本上升、收益下降（Esparon, Gyuris & Stoeckl, 2014; Zielinski & Botero, 2015）。另一方面，认证计划需要在专业性和普适性中寻找平衡。专业性意味着认证的含金量较高，但同样意味着市场难以理解和认可；普适性则恰恰相反，含金量和进入门槛较低，尽管易于被市场理解，但因市场充斥大量低门槛认可仍难以被市场认可（Font & Harris, 2004）。

第二，俱乐部与成员之间的委托代理问题以及俱乐部成员之间仍然存在不可调和的道德风险。单个成员的有利认证的维护行为具有正外部性，而有损认证的破坏行为具有负外部性，而这些外部性并不能完全通过简单机制进行定价和支付（Bullock & Ven, 2018）。此时，利益相关者将无法根据认证区分这两类企业，认证计划的最初目标将无法进一步实现（Margaryan & Stensland, 2017）。

因此，在俱乐部生态产品的市场供给和价值实现过程中，如何提高认证计划的效果和效率，弥补认证计划中可能存在的缺陷，仍有待进一步探究。此外，寻求认证计划的替代方式，成为构建俱乐部生态产品市场供求制度的出路之一。

5.3.2 俱乐部生态产品购买制度的构建方式

基于俱乐部产品购买制度和社区的生态旅游等俱乐部生态产品购买机制，能够实现以保护生态环境和促进经济发展为宗旨、以社区协议保护机制为基础、以生态资源市场化为手段、以生态产品或生态服务供给为主的生态友好型产业的可持续经济发展模式（冯晓龙等，2019）。

(1)俱乐部生态产品供求主体

俱乐部产品中的生态产品购买制度的参与主体包括政府、非政府组织、社区、社会企业及消费者等(图5.1)。

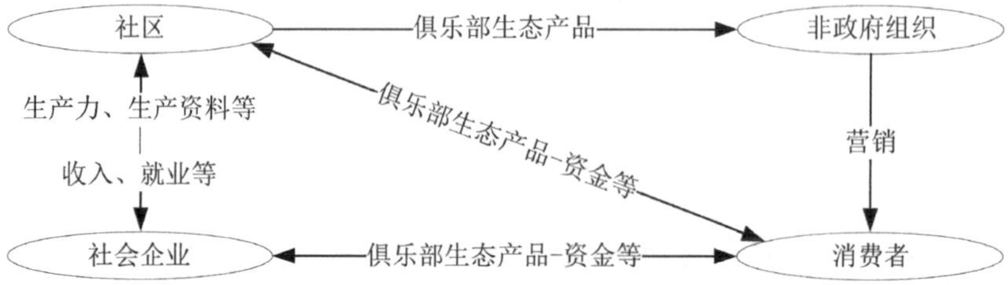

图5.1 俱乐部生态产品购买制度供求主体机制示意图

第一,政府。政府是具有双重目标的参与主体,既有保护生态环境的职责(黄春蕾,2011),又有发展社区经济的职责(冯晓龙等,2019)。具体而言,在俱乐部生态产品购买制度中,政府作用主要在以下三个方面:第一,将生态环境保护权赋予社区,通过明晰生态资源权属和环境保护义务,强化社区及居民的主人翁意识,激励主动性。第二,为社区生态环境保护与经济发展提供政策与资金支持,例如生态补偿资金、为社区改善基础设施、提供产业发展政策和资金等。第三,监督社区的经济发展与生态环境保护成效,例如定期或不定期抽检社区的经济发展水平和生态环境保护效果等。

第二,非政府组织。非政府组织能够引导和支持群众参与环保实践,由此协助政府实现环保目标(秦昊扬等,2009;王晓民和李妙然,2014)。具体而言,在俱乐部生态产品购买制度中,非政府组织作用主要在以下四个方面:①协调政府与社区的关系,例如制定社区参与协议保护并协调政府和社区达成协议等。②帮扶社区发展经济,例如提供技术培训、能力拓展以及市场支持等。③帮助社区开展生态环境保护活动,例如根据当地生态环境分布情况制定生态巡护路线,帮助社区建立生态巡护队伍以及为巡护团队提供生态环境保护的技术培训等。④建立社区生态环境保护与经济发展成效的监督评估机制,例如作为第三方对社区的生态环境保护和经济发展的成效进行监督和评估,包括重点考察生态环境保护活动对当地水质、生物多样性及其他生态资源质量等方面的影响效果以及生态友好型产业对社区居民家庭收入的贡献程度等。

第三，社区。社区是居民实践环保的渠道之一，是连接政府、非政府组织和居民之间的桥梁。政府将生态资源归属和环境保护责任赋予社区，社区通过居民民主参与形成管理机制，依靠社区文化形成约束力和凝聚力，推动环保实践能够以集体行为实现。由于社区及其居民的环保实践水平受到环保意识和环保能力的限制，非政府组织能够从中提供帮助。总之，在俱乐部生态产品购买制度中，社区及其居民作用主要在以下三个方面：①基于社区集体合作组织，利用政府的政策和财政支持，结合非政府组织的技术和资金支持，发挥社区人力和生态资源优势，发展生态优化型产业（曾贤刚等，2014），通过诸如特色手工艺品、生态旅游等产品，将居民就业增收、经济健康发展以及生态环境可持续等目标落实到地。②以社区为主体履行生态环境保护义务，例如建立并落实生态保护机制、设计并开展生态环境巡护行动、组织培训生态环境保护意识和能力、记录生态环境数据等。③以社区为主体接受监督监察并打造生态认证，例如定期接受政府、非政府组织或其他第三方机构的生态环境评估，一方面确保俱乐部生态产品开发和保护的可持续性，另一方面为俱乐部生态产品的开发和销售提供资质认证。

第四，社会企业。社会企业是具有公益性质的新的社会组织，通过营利组织的企业管理方式，致力于达成某种社会目标的公益组织（赖泽栋和杨建州，2012），如致力于生态环境保护的社会企业。“运用商业手段，实现社会目的”的社会企业，能够在实现企业自身经济可持续发展的条件下，承担社会责任并追求实现社会目标或环境目标。在俱乐部生态产品购买制度中，社会企业作用主要在以下两个方面：①发挥经济主体在生产、管理以及营销等方面的优势，对接社区与市场，发挥信息中介和销售中介的职能；②为社区开发生态资源提供生态产品与服务，提供资金、信息以及技术等资源，通过经济手段、激励社区和居民参与生态环保实践。

第五，消费者。市场上消费者的主要目标是追求效用最大化。在俱乐部生态产品购买制度中，消费者作为市场主体，享受由社区提供的高质量生态服务与生态产品，满足他们对生态需求或生态享受的追求目标，同时消费者向社区反馈资金、信息等要素，从而提高社区居民收入水平，进一步改进生态产品和生态服务的质量，实现社区脱贫目标。俱乐部生态产品的主要需求人群往往是对生态体验感兴趣，且对保护环境和文化有责任心的消费者。一方面，以生态旅游为代表产品的俱乐部生态产品往往以保护生态环境为目标，强调在体验自然的同时保护自然，这就对消费者的环保意识提出了较高要求，由此对消费者群体进行了筛选。另一方面，俱乐部生态产品根植原始生态系统，往往位于偏远地区，无论是体验式的生态旅游或是购买式的生态产品，除对生态系统的环保支出外，在生产和供给的各个环节中均会产生较高的交通运输费用，这就对消费者的经济水平提出了较高要求，再次对消费者群体进行了筛选。

（2）基于社区的协议保护机制

在社区协议保护机制中，政府赋予社区对当地自然资源环境（包括水资源、野生动植物等）的管理权和保护权，要求社区承担特定的保护责任，并为社区履行这些责任创立相应的补偿与激励机制（黄春蕾，2011）。非政府组织在促进政府与社区沟通、协助协议内容的设定之外，通过生态环境资源价值市场化手段，为社区发展替代生计提供必要的技术和能力建设支持（刘伟和张逸君，2011），并对社区生态环境保护成效进行监督和评估。社区既是生态环境保护者，又是经济主体，只有让其成为保护区的真正主人，同时确保社区的利益，才能使其真正参与生态环境保护行动（宋言奇，2009），这也是实现俱乐部生态产品购买制度的经济发展与生态环境治理双重目标的关键所在。

（3）社区生态产品价值市场化

社区生态产品价值市场化是向社区提供经济发展可持续支持和参与生态保护动力的有效方式。把社区拥有的丰富自然资源转化为有经济价值、能在市场上交易的生态产品和生态服务，让社区从中获得长期经济效益（Salafsky, 2000; Wunder et al., 2008），从而保证自然资源环境保护的可持续性（葛剑平和孙晓鹏，2012）。生态产品和生态服务在市场上交换离不开社会企业的参与。社会企业作为社区内外产品和信息交换的重要中介组织，不仅为社区提供环境保护和生态服务的资金支持，也为社区提供生态产品和生态服务的市场信息，带动社区的经济发展（赖泽栋和杨建州，2012）。在政府和非政府组织的政策鼓励和技术支持下，社区利用丰富的生态资源和劳动力等生产要素，发展生态友好型替代产业，如生态旅游、以自然材料为原材料的传统手工业和附加值较高的生态产品生产等（Lele et al., 2010），并通过社会企业向市场提供高质量的生产服务和生态产品，以提高社区居民家庭收入水平，完成脱贫目标；而市场中消费者通过对社区提供的生态服务和生态产品的消费满足生态需求（葛剑平和孙晓鹏，2012）。

5.3.3 俱乐部生态产品购买制度的实现

基于社区俱乐部的生态旅游是缓解市场失灵、提供俱乐部生态产品的重要手段之一（Pawson et al., 2017）。基于社区的生态旅游（community-based tourism，CBT）在20世纪90年代快速发展，以便替代传统旅游业，推动可持续旅游，同时通过社区参与推动当地社区发展（Matutano, 2012）。Abbott and Klaiber （2013）针对城市绿洲（urban lakes located in arid environments）的社区俱乐部供给形式展开了研究，认为社区俱乐部不仅提高了俱乐部成员的福利并且产生了较强的正外部性；背后机制在于，社区俱乐部能够实现城市绿洲水资源的价格机制（如用水量区间价格等），由此弥补绿洲维护成本、激励俱乐部成员主动性，并引导城市用水习惯，提高资源配置效率。Pawson et al. （2017）针对柬埔寨旅游的研究发现，基于社区的生态旅游能够促进社区发展。

基于社区的生态旅游往往是由外部组织——如非政府组织（Non-Governmental Organization，NGO）推动的，因此需要时刻警惕诸如权利不平等、缺乏经验或依赖外来援助等障碍（Pawson et al., 2017）。此外，在推动基于社区的生态旅游过程中，往往需要进一步提高项目的金融可持续性、商业实践以及社区支持（Pawson et al., 2017）。

本节以5.2节选取的三江源地区毛庄乡生态旅游为例，具体阐述毛庄生态旅游购买制度的建立与实现。

（1）生态保护能力的开发

青海三江源是黄河、长江和澜沧江的源头，是我国最重要的水源地之一，生态价值极为重要；通过生态旅游，三江源国家公园实现了“保护与开发共同推进，开发与保护相互促进”的生态保护与改善民生的双赢发展模式：三江源旅游产业连续4年增幅超过20%，并已设立10 051个生态管护公益岗位（截至2017年）（杨琛，2020）。2014年起，全球环境研究所（GEI）选择毛庄乡作为项目落实地点，引进“社区协议保护机制”，将社区保护与发展结合起来，制定系统的社区环境保护计划和合作社手工培训计划，帮助奔康利民合作社和妇女合作社开展系统的可持续社区保护活动。GEI在三江源地区推行社区协议保护机制（Community Conservation Concession Agreement, 简称CCCA）并实践。通过协议保护机制，把社区生态保护权赋予社区，因此社区的生态保护能力是协议保护效果的关键因素。

2017年，合作社和全球环境研究所在毛庄乡建立了三江源首个“社区能力”建设中心和协议保护基地。基地以社区环保人和手工艺人为基础，培训其成为老师，最终独立对外开展社区保护和发展培训。将面向三江源甚至中国西部社区，开展对外帮扶行动，将社区参与的协议保护和可持续发展结合起来，上升为“生态服务型经济”，为中国西部的生态保护和生态安全建设贡献解决方案。协议保护的目标有三：一是环境保护，二是社区发展，三是培训示范。为实现协议保护目标，社区保护要求奔康利民合作社要履行草原和水沟监测管护责任，责任范围内含四条河沟，要实现水体内三年后零垃圾，管护范围内定居点上游区域零垃圾。为此，合作社开展了五类管护活动，包括垃圾清理、水源监测、植物巡护、反偷猎偷伐和野生动物救助以及环保教育。

通过合作，社区保护合作社能够实现自我造血地可持续发展。GEI提供给合作社环境监测的设施、巡护小组用以记录的影像设备以及活动必要经费，并且在每年验收后给各小组环保奖励。GEI支持社区组织妇女成立囊谦县半边天妇女合作社，主要通过制作藏区传统工艺品，支持毛庄乡的社区环保工作，实现自我造血的功能。

（2）生态资源价值的市场化

长期的协议保护工作基础，为毛庄社区居民参与生态保护提供丰富的实践经验，使得毛庄的生态旅游发展具备自我发展能力。通过自我发展，在NGO的帮助和协调下，以引入外来“智力”替代引入“资本”，以系统的培训和教育满足旅游发展的人力资源需求，最终实现社区自我管理的良性循环。拒绝外来资本，避免了资本运作的束缚和弊端，赋予当地居民具有生态保护的话语权，同时也使得他们可以分享生态旅游的发展红利。

毛庄正在探索生态资源价值市场化途径，例如开发生态旅游产品。目前，毛庄正在设计的生态旅游活动大致可以分为自然漫游、传统手工艺、藏族文化和环保体验四个主题。首先，自然主题的产品包括三类产品。第一，徒步路线和租车游览路线。通过路线串联周围景点，设计不同游览时间、不同难度的路线供旅行者选择。第二，野餐。为旅行者提供感受藏族人草地野餐的机会，可为游客提供地毯、牦牛酸奶、水果等小吃，也可让导游组织游客学习民歌和简单舞蹈。第三，野花之旅。在导游的带领下观察高山植物，学习动植物知识，标本制作方法，标本可以供游客带走。其次，传统手工艺主题的产品以参观妇女合作社的手工艺品的生产过程为主，使妇女劳动成为活化的景观。一方面，不仅可以参观牦牛毡制作、卡片织技艺，并且可以为游客提供工具进行简单的织物教学。另一方面，参观学习奶制品制作过程，游客可以尝试挤奶，制作酥油。再次，文化体验。在导游的带领下参观大苏莽寺，参观寺庙建筑和内部唐卡，讲解藏传佛教的历史故事。最后，环保体验。在向导带领下探寻水源，了解环保巡山的路线，一起捡垃圾。

（3）生态旅游购买制度的实现

“毛庄”模式在实践中，充分调动了毛庄乡各方主体，优化配置了各方优势资源，形成了俱乐部产品供求主体和谐发展和共同受益的“毛庄”实践。作为非政府组织，GEI为毛庄乡引进“社区协议保护机制”，将社区保护与发展结合起来，制定系统的社区环境保护计划和合作社手工培训计划，帮助奔康利民合作社和妇女合作社开展系统的可持续社区保护活动。

作为社会企业，奔康利民合作社联合了毛庄乡其他5个合作社，成为“合作社集合体”。保护活动包括：第一，社区获取专业水质检测设备，并组织学习了水质检测方法，每季度定期两次在附近4条水沟中监测水质，并记录数据。目前，毛庄乡是唯一在三江源地区定期监测水质的社区。第二，组织合作社人员进行生态巡护，特别是流入毛庄河的13条河沟附近，制止牧民随意丢弃垃圾，监测水沟环境和周围野生动植物生存状况。第三，合作社集合体共同开展行动，清理草原垃圾和城镇生活垃圾，并在寺院、学校和村上开展垃圾减量的教育、分类、处理等。此外，帮助妇女合作社发展手工艺制品，初步形成产品和规模，提高家庭收入。所有合作社承诺将收入的5%投入环保资金中。但目前集合体运行还不完善，巡护和监测覆盖范围较小，合作社经济发展能力特别是市场能力不足，影响可持续建立。

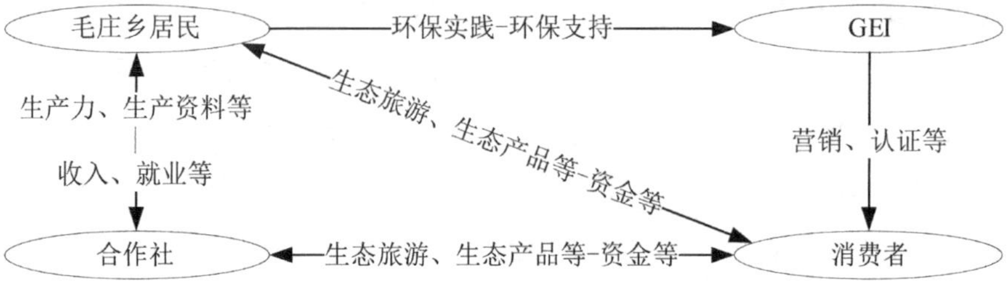

图5.2　“毛庄”模式各方合作机制示意图

在此过程中，奔康利民合作社领导团队和妇女合作社的努力得到了各级领导的关注和关心，省政府、州政府、县政府等各级领导前来视察指导，并带来部分资金和物质支持，为合作社的发展创造条件，形成政府、公益机构和社会商业共同支持社区保护的良好局面，形成了新的特色的“生态扶贫毛庄模式”，得到省市县领导认可。中央电视台、青海电视台、中国新闻周刊等媒体，也对毛庄的社区保护和发展进行了大量报道。毛庄社区协议保护—生态服务型经济模式，已然成为青海不可多得的样板，开始走向全国，也走向世界。

在其他各方的引导和扶持下，毛庄乡居民广泛而积极地参与环境保护实践和生态产品供给活动，通过生态产业就业和扶贫政策，提高了经济收入、培养了环保意识，为社会做出了更大贡献。

5.3.4　俱乐部生态产品购买制度的保障

基于我国社区的生态旅游供给模式的经验，可归纳出一条俱乐部生态产品购买制度建立的保障（杨琛，2020），具体如图5.3所示。首先，在政府顶层设计、公众共同参与下，对生态产品进行充分价值挖掘。其次，引入第三方机构对其价值进行科学评估，通过多种渠道的市场化运营实现生态产品的经济价值。最后，将经济收益投入到其他生态产品的保护与开发中，建立反哺机制，实现“在开发中保护、在保护中开发”的良性互动，最终实现生态产品的可持续发展。

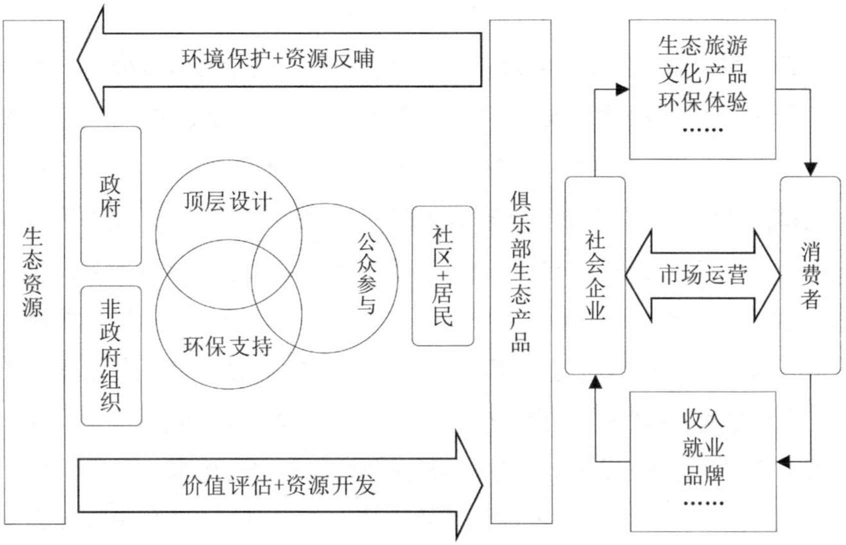

图5.3　俱乐部产品中的生态产品购买制度实施路径

第一，制定法律法规，完善配套政策。以“三江源国家公园”为例：三江源国家公园在公园建设和生态保护的过程中，先后实施和编制了《青海三江源自然保护区生态保护和建设总体规划》、《青海三江源生态保护和建设工程规划》以及《三江源国家公园生态保护与发展规划》等指导文件，对国家公园的保护和管理做出原则性的规定，并出台专门管理规章，实行“一园一规”。因此，在推行俱乐部产品中的生态产品购买制度时，首先应结合生态产品所属生态系统的自然资源特征，制定相应的法律法规，建立和完善涉及土地、财政等配套政策，为科学管理提供政策法规保障。

第二，开展确权登记，奠定管理基础。一方面，通过确权登记评估自然资源资产规模和质量，为核算生态产品价值奠定决策依据。另一方面，明晰权利归属，明确各方权利、责任和义务。

第三，健全管理体制，建立监管体系。仍以“三江源国家公园”为例：《建立国家公园体制总体方案》的印发实施，标志着国家公园管理机构正式建立，国家公园实施垂直管理体制。因此，在推行俱乐部产品中的生态产品购买制度时，各地应结合本地特点，将山、水、林、田、湖、草作为一个整体，从生态系统的系统性和完整性出发，组建相应的管理与监督机构，建立监管分离的管理体制，建立多部门、多层次联合的管理监督体系。

第四，科学制定规划，合理划分区域。仍以“三江源国家公园”为例：三江源国家公园以一级功能分区明确空间管控目标，以二级功能分区落实管控措施，在每个级别中划分核心保育区、保育修复区和传统利用区，制定管制规则；通过科学划分生态功能区、实行功能分区差别化管控，实现生态保护、生产生活、生态旅游的科学合理布局和可持续发展；由此，结合国家公园建设要求，实施了三江源实地保护、生物多样性保护、禁牧补助、草畜平衡管理工程、河湖和湿地生态系统保护工程等多项艰巨任务。因此，在推行俱乐部产品中的生态产品购买制度时，应结合“十三五”、全国主体功能区等各类规划，综合考虑区域生态系统完整性、区域资源禀赋、生态保护目标等实际情况，突出生态保护第一、科学适度开发的主要管理目标，合理划分功能分区和确定管制规则，因地制宜地制定规划。

第五，建立生态补偿、特许经营机制。一方面，鼓励发展多元化的生态补偿方式，加强补偿金的使用监督。另一方面，在开发商业性的游客服务项目时，可采取特许经营的方式，并对特许经营项目的种类、范围和设施设备的功能、布局等进行严格规定，综合评定企业社会责任履行情况，对产业日常经营活动进行监管。

第六，结合扶贫工作，实现生态扶贫。生态产品及其所属生态系统虽具有丰富的生态资源，但其所处的地区大都较为偏远，经济条件相对落后，应探索将生态保护开发与生态扶贫相结合，探索适应国家公园建设的精准扶贫模式，在国家公园提供绿水青山的同时，通过生态补偿、社区建设等多角度实施精准扶贫。

第七，引入第三方机构，科学评估生态价值。引入第三方机构对生态价值进行科学评估，充分认识生态旅游所蕴藏的价值，鼓励各方参与到开发、保护等各类活动中。在实际评估中，出于可操纵性和简易适当的双重衡量，可科学选取旅行费用法、条件价值法、享乐价值法等方法进行评估。

第八，撬动社会资本，构建绿色市场化运营机制。充分发挥市场作用，形成“政府搭台、全民共建、全民共享”的社会参与平台；通过绿色市场化运营，在确保生态保护和公益属性的前提下，撬动社会资本加大对绿色产业的投入力度，通过社会捐赠、发行债券、设立绿色产业发展基金等方式广泛集资，并建立财务公开制度。在市场运营方面，注重打通营销渠道、开发客源市场、丰富产品类型、优化经营方式，结合不同类型生态产品优势，有效挖掘生态产品价值。

5.4　本章小结

本章针对俱乐部生态产品进行价值和购买制度的研究。由于与地理因素紧密相关，社区生态产品往往具有俱乐部产品的特性。设计和实施俱乐部生态产品的购买制度，不仅能够促进社区生态资源的价值实现，还能够推动生态资源的全民价值共享。本章的主要研究结论如下。

（1）现行的俱乐部生态产品主要包括“生态认证”和“基于社区的生态旅游”两种类型。“生态认证”计划也被称为“可持续认证（sustainability certification）”或“生态标签（ecolabel）”，是提供俱乐部生态产品的重要机制之一，能够捕捉经济利益和社会价值、缓解市场失灵。基于社区俱乐部的生态服务供给同样是缓解市场失灵、提供俱乐部生态产品的重要手段之一。

（2）本章的实证部分选取了毛庄乡所提供的生态旅游产品作为俱乐部产品价值评估的一个案例，使用旅行费用法收集了276个样本数据对毛庄乡的生态旅游产品进行了价值评估。在评估过程中：首先，使用基于旅游费用分组的方法，将样本划分为21个组，计算了每个样本组的旅游率；其次，将旅行费用划分为三个部分，包括交通成本、目的地花费和时间成本，并使用一定的折算方法对多目的地旅行者的旅行成本进行了调整；最后，使用样本数据对不同的模型形式进行了拟合度分析，最终选取了二次函数的拟合方法，得到了旅行费用和旅游率之间的关系，并基于此计算了旅行者的需求函数和消费者剩余函数。通过上述步骤，最后得到毛庄乡生态旅游产品的价值为18.46亿元/年。通过价值评估验证了毛庄乡发展生态旅游产业的可行性，毛庄乡的管理者也应当充分意识到生态产品的价值，不能为了增加旅游收入而导致景区生态资源的破坏，需要重视对景区的规划和管理以不断提高旅游者的消费者剩余。

（3）基于“毛庄”案例研究，总结了俱乐部生态产品购买制度的实现路径。首先，在政府顶层设计、公众共同参与下，对生态产品进行充分价值挖掘。其次，引入第三方机构对其价值进行科学评估，通过多种渠道的市场化运营实现生态产品的经济价值。最后，将经济收益投入到其他生态产品的保护与开发中，建立反哺机制，实现“在开发中保护、在保护中开发”的良性互动，最终实现生态产品的可持续发展。

六、私人生态产品购买制度研究

6.1 私人生态产品的价值

6.1.1 私人生态产品的特点

伴随市场经济的快速发展与制度建设的不断完善，人们在资源供给有限的约束下逐渐意识到生态资源不仅是一种公共生存条件，而且是可以进行产权界定、通过市场交易定价并进一步实现生态资本的资本化经营私人性产品（Farrell & Beer, 2019；马中，2006）。这类产品的供给主要由私人部门（比如工商企业等）承担，并可以通过设计合理的市场机制进行交易，只要通过技术和经济的手段建立消费者对其绿色附加值的信任，就可以通过消费者的购买行为充分实现其价值。私人生态产品的例子包括有机农产品、绿色食品等，它们是纯天然、无污染、高品质、高质量、安全营养的高级食品，也可称为“AA级绿色”。生态标签产品由于其生产过程的绿色无污染性而导致其成本普遍高于同类产品，而运用经济杠杆可以实现环境的优化治理与生态资源的有效保护与高效利用（张学睦和王希宁，2019）。

6.1.2 私人生态产品的价值构成

私人生态产品作为一种商品，根据主流的商品价值理论，其价值来源包含了三个方面（孟奎，2013）。首先，马克思劳动价值理论认为商品价值取决于“包含于其中的无差别人类劳动”。其次，新古典经济学均衡理论认为商品的价值由供需双方力量决定：从供给方来看，其面临资源的约束，追求利润最大化；而从需求方来看，其面临预算约束，追求效用最大化。最后，斯拉法的价值理论体系通过数学方程建立了商品价格决定理论。伴随经济结构的转型，新时代我国居民收入水平不断提高，开始追求更加健康与美好的生活方式。生态产品相比于同类产品污染低、更加健康，但是生态商品的生产还处于初级阶段，由此产生了私人生态产品供给不足与人们对生态产品需求之间的矛盾。基于此，本书应用价值理论对私人生态产品的价值进行分析。

2015年我国出台的《生态文明体制改革总体方案》中提到，自然生态环境具有价值，保护自然就是在增值自然资本价值（生态附加值），就应该得到资本回报与补偿。私人生态产品是自然生态环境在市场中实现价值增值的重要载体（Farrell & Beer, 2019）。传统的劳动价值理论认为私人生态产品蕴含的生产劳动仅仅包括人类的生产，不包括自然生态系统拥有的本身生产能力（任暟，2013）。但是私人生态产品的获得是人类在生态系统的基础上进行保护、开发、经营、治理等形成的，离不开大自然的自然生产能力与人类的共同参与。因此，在衡量私人生态产品的价值时，根据广义的生态产品定义，应当包含生态系统生产（生态附加值）与人类劳动两个部分（张林波等，2019），并且生态附加值的溢价是其与传统商品对比的主要区别所在（岳德鹏等，2017）。

“绿水青山就是金山银山”，对“两山”理论的把握与落实需要协调区域生态保护与经济发展。由此，作为自然环境价值增值的重要载体，私人生态产品的价值不仅包括生产资料与生产载体本身的价值，也包括其对社会稳定、经济发展的间接价值。生产资料与生产载体本身的价值可以用生产过程的消耗加以衡量，比如物质生产资料、生产工具、人工成本等。生态产品交易的环境经济学表明，通过对生态产品进行产权界定，将污染等税金或者费用转嫁到产品价格中，即将外部性内部化，由消费者购买时承担，实质上在一定程度上都实现了生态产品的经济价值（王斌，2019）。对消费者而言，在基本物质需求得到满足的基础上，其对消费商品的品质有了更高的要求，可能愿意更多地购买健康、污染程度低的生态产品，因此可能更愿意支付与传统商品相比的“生态溢价”。例如，生态纤维等更多地替代了人造化纤品，这不仅在生产环节减少了对环境的破坏，优化了人们的生存环境，而且在消费者购买过程中相比于传统产品的溢价购买缔结了对环境保护的“反哺”。经济发展价值是指为了发展生态产品产业而新增的就业岗位、人民的收入增长、地方政府获得突出的生态保护绩效、良好的生态环境吸引更多高新企业入驻和高端人才落户等，这些价值甚至能够体现在地方GDP的发展数值上。上述价值在一些学者的相关研究中也得到了支持，例如蒋凡等（2020）以三江源地方生态产品为例，研究发现生态产品的价值实现达到了很好的生态功能调节目的；刘琨天等（2018）通过设计生态公益林保险产品，发现其有利于提供更多的就业岗位，保持林农收入的稳定，引导金融支持林业发展。由此可见，私人生态产品的价值溢价来源于其为谋求生态平衡、经济增长、社会稳定与满足传统消费模式改变带来的重要意义。

6.1.3 私人生态产品价值实现的方式

私人生态产品作为一种商品因附加了绿色价值而高于同类普通商品的价格，这种绿色附加值价值实质上是对生产过程中，因环境治理、污染控制等生态保护行为增加的成本的补偿。由于私人生态产品存在交易的市场，因而其价值实现的方式主要体现在定价策略方面，对其进行的定价主要包含如下方式。

（1）消费者异质性环保偏好下的产品定价。绿色消费者是指对生态商品具有购买需求的消费者，相关文献表明，在完全垄断的市场中，生态商品的价格与市场潜在的绿色消费者所占的比例成正相关。此外，如果一种产品有多个生产商（非垄断市场），并且存在绿色生产与普通生产两种模式时，生产绿色产品的制造商将成为市场的主体并控制绿色商品与普通商品的定价（张艳丽等，2017）。

（2）基于委托代理理论的产品定价。如果私人生态产品存在于信息不对称的市场中，消费者为甄别生态产品偏好者与非生态需要付出大量的信息搜寻成本，此时生产者也需要为寻找对生态产品存在消费意愿的消费者付出一定的搜寻成本。在市场上，生产者会通过降低产品中所包含的绿色程度的方式降低生产成本，直到消费者为产品所支付的金额与厂商寻找对生态产品有偏好的消费者所支付的成本相等为止（Hall, 2000）。对于偏好生态产品的消费者而言，其对购买生态产品所支付的价格降低了，因为其获得了正值的绿色租金（申亮，2008）。

（3）理解价值定价。理解价值的定价方式类似于显示偏好与陈述偏好，建立在消费者对生态商品价值的理解基础上。此种定价方式需要前期的市场调研，如通过走访、问卷的方式，通过大数据分析消费者看重生态商品的哪些价值方面：如原材料是否为纯天然、生产过程有无添加剂、污染程度多高等（张国华，2003）。同时，通过定量的分析，判断消费者在同类商品中，愿意为具有生态环保属性的商品支付多少溢价，由此来确定生态商品的价格（Wei et al., 2020）。

（4）需求价格弹性定价。私人生态商品的价格普遍高于同类产品，因此在定价过程中更应关注需求的价格弹性。当需求的价格弹性较高时，表明该类生态商品的替代品较多，消费者力量较大，此时高价格更可能不被市场接受；当需求的价格弹性较低时，消费者对商品价格的变动不敏感，因此厂商可适当提高价格获得利润。

6.1.4 私人生态标签产品价值实现的困境

在对生态产品的价值估计中，由于自然环境是人们赖以生存的基础，因此一些学者认为对生态产品价值的任何估计都是一种低估（Bockstael et al., 2000；Heal et al., 2005）。同时，在消费者购买生态产品的过程中，由于产品的边际效用在市场中不是恒定的，价值评估的结果会由于消费者主观感受的变化而导致边际效用价值产生时间偏误。目前，消费者与生产商之间的信任制度建设还不够完善也造成了生态产品价值实现的困境，导致生态产品生态附加值很难通过市场实现（Brander, 2006）。一些研究发现，国外消费者对具有额外质量保证产品的平均溢价水平在30%左右，而在我国这部分的溢价低于10%；在北京，只有60.1%的居民愿意为可追溯的鱼类产品支付约6%的溢价以此来确保鱼类产品额外的质量声明（Wang et al., 2009）。

造成私人生态产品价值实现的原因可能包括支付能力、个体信任、生态认知等多个方面，本文将以生态标签产品为例进行研究，对其进行价值评估，在此基础上分析如何构建私人生态产品的购买制度。

6.2　生态标签产品的价值评估

6.2.1　背景介绍

生态标签（Ecolabelling）是一种自愿性的环境绩效认证方法，通过生态标签认证的产品在同类产品中对环境产生的负面影响更少。由于生态标签是市场交易产品的一种属性，伴随着商品的交易而被交易，因此生态标签是具有竞争性和排他性的私人物品。对消费者而言，生态标签向消费者传达了关于产品生态影响的信息，这使得产品展现出一定的优势，如无毒清洁剂、无漂白纸巾、有机食品等。对生产者而言，由于生态标签认证的产品带有醒目的认证标记，能够向消费者传达关于产品选择的信息，帮助产品在货架上获得更多的关注。同时，生态标签向生产者传达关于消费者偏好的信息。当消费者选择带有生态标签的产品时，消费者的偏好会直接影响市场上的供求关系，从而在市场上释放出生产环境友好型产品的信号，从而鼓励生产者改进产品生产工艺，减少对环境的影响。对监管者而言，官方生态标签认证通过授权来引导生产商做出有利于环境的决策，使用生态标签制度相对于强制性的法规，在生态环境保护方面能够降低监管成本。

生态标签在市场上发挥作用的前提是消费者愿意将自身的购买力作为保护环境的工具，为生产者提供通过生产环境友好型产品获利的机会。但是，生态标签是否能够影响消费者的购买决策？此外，由于生态标签产品通常由于较高的生产成本，其售价明显高于传统的产品。那么，消费者愿意为生态产品支付的溢价是多少？最后，尽管我国政府采取了多种鼓励性措施，如补贴、示范、认证等，来鼓励生态标签在产品上的应用，但生态标签产品依然很难得到消费者的认可，在市场上占有率依然不高。因此，有必要研究影响消费者生态标签产品购买的因素有哪些。基于以上研究问题，本书将以鸡蛋的购买为例，使用选择实验评价消费者对生态标签的支付意愿，并在此过程中纳入消费者信任和知识因素对鸡蛋的消费意愿的影响。

鸡蛋被认为是与其他动物营养产品相比价格相对较低的蛋白质、维生素和矿物质来源，是人们日常摄入的一种重要食物。中国是鸡蛋产量最高的国家，其次为美国、印度、墨西哥和日本；而在消费方面，墨西哥、马来西亚和日本是鸡蛋消费最多的国家，平均每人每年消费320个鸡蛋（Güne & Giraldo, 2019）。鸡蛋产业在我国的畜牧业中发挥着重要作用。2018年，我国鸡蛋产业规模为2795亿元，全球占比约为40%，蛋鸡养殖和鲜蛋消费总量规模世界第一。近年来，在市场上出现了越来越多的以消费者为导向的高价鸡蛋选项，例如有机鸡蛋、营养增强鸡蛋（含omega-3或硒）和散养鸡蛋，所有这些鸡蛋的售价通常都比常规鸡蛋高。但消费者出于利己动机，例如认为生态标签认证的鸡蛋可能更为安全、健康、天然、美味，或是出于对动物和环境福利的考虑而更愿意消费生态标签鸡蛋。在此背景下，随着消费者收入的增加和产品偏好的变化，鸡蛋消费市场被划分为更多的细分型市场，简单的传统鸡蛋市场逐渐被高度分化的产品市场所取代，这些细分型的鸡蛋产品市场满足了一部分消费者的偏好（Karipidis et al, 2005），从而能够最大限度地提高消费者的效用水平。在许多研究中，较高的市场价格被认为是扩大生态标签鸡蛋市场占有率的主要限制因素。与其他食品类似，较高的饲养成本和较低的生产效率导致了生态标签鸡蛋的价格明显高于传统鸡蛋。因此，一个重要问题是要了解消费者是否愿意为生态标签鸡蛋支付更高的价格，通过对消费者愿意为生态标签鸡蛋差异化属性支付价格的评估，可以帮助鸡蛋行业的从业者更好地了解消费者购买生态标签鸡蛋的动机。关于消费者偏好的信息也能帮助生产者评估生态标签鸡蛋的潜在市场，实施差异化的产品竞争策略。

6.2.2 实证设计

（1）生态标签鸡蛋

随着人们收入水平的提高和对食品安全重视程度的增加，越来越多的商家也开始迎合消费者对绿色有机等带有自然乡土气息的食物的偏好。对于鸡蛋而言，消费者在市场上可以买到多种头衔的鸡蛋，例如初生蛋、笨鸡蛋、富硒蛋、保洁蛋、五谷蛋等，但实际上在我国的食品认证体系中只有“无公害食品”、“绿色食品”和“有机食品”3个头衔。“无公害食品”是指将有毒、有害物质控制在安全容许的范围内的食品，所追求的是普通食品卫生标准与达到最基本的市场准入条件；“绿色食品”分AA级和A级两个标准，在生产过程中减量化使用有毒、有害物质，是与发达国家食品安全先进标准看齐的农产品质量安全标准；“有机食品”是完全不用或基本不用人工合成肥料的生产体系。此外，鸡蛋的生产方式，按照欧盟的分类标准分为笼养（regular）、圈养（cage free）、散养（free range）、山养（pasture raised）四种方式。笼养方式供应的鸡蛋占据市场的绝大多数比例。在商业化的笼养养殖场中，产蛋鸡被关在空间狭小的鸡舍中，鸡都被修剪了翅膀尖和嘴尖以防止啄伤，养殖场内光线较暗且不见太阳以防止光照引起鸡的躁动。笼养鸡的好处在于鸡舍相对封闭，以标准商业饲料作为主食，影响产蛋的卫生、温度、湿度、粉尘等因素得到了有效的控制，得到的鸡蛋品质稳定、安全可控。圈养方式虽然没有把产蛋鸡关在笼子里，但这些鸡还是在并不宽阔的空间内生长。散养鸡有一定比例的时间可以到户外运动，但有规定户外时间的长短。山养鸡是真正意义上的散养，此条件下饲养的鸡可以自由活动，并在户外觅食。但是在国内，超市货架上的商品并没有使用欧盟的分类标准，而是简单地将养殖方式分为圈养和散养两种方式。最后，市场上还有一种常见的鸡蛋类型为营养增强鸡蛋，在鸡蛋生产过程中给母鸡喂养添加了额外的营养物质的饲料，从而增强了鸡蛋中某类营养元素，如富锌鸡蛋、富硒鸡蛋、高钙鸡蛋和Omega-3鸡蛋。

综上所述，本书对鸡蛋生态标签的研究纳入了三个类别。一是官方承认并认证的标签，并使用特殊的标记来对产品进行分级。在本书中指鸡蛋的“无认证”、“无公害食品”、“绿色食品”和“有机食品”认证标准，认证门槛依次升高。二是生产者对产品生产环境所做出的单方面的说明。在本书中指鸡的散养与否，按照欧盟标准分为笼养、非笼养、散养、山养四种。但为了与消费者的认知水平和市场上的实际情况相适应，本书根据国内的实际情况，将其简单归纳为圈养和散养两种。三是生产者对产品品质量化信息的自我声明。在本书中指鸡蛋是否为营养增强蛋。对上述三个生态标签的说明如表6.1所示（其中，水平值中加黑的为普通鸡蛋水平）：

表6.1 生态标签鸡蛋的指标及其水平值

指标	水平值	含义
认证水平	**无认证**	无认证标签
	无公害认证	使用的各类药物、残留的在安全容许范围内
	绿色认证	减量使用各类药物与使用环境友好型药物
	有机认证	完全不用
散养与否	**圈养**	笼养或无笼养，鸡在生长过程中无法在户外活动
	散养	鸡可以在户外活动
营养水平	**普通**	无营养增强
	营养增强	如硒、钙、Omega-3，某方面的营养比例更高
价格	**正常售价**	普通鸡蛋的售价
	1.5倍	价格为普通鸡蛋的1.5倍
	2倍	价格为普通鸡蛋的2倍
	2.5倍	价格为普通鸡蛋的2.5倍
	3倍	价格为普通鸡蛋的3倍

（2）选择实验的设计

CE的实验设计是所有指标不同水平的组合生成选择集的过程。但与以往选择实验设计不同的是，有机认证鸡蛋在生产标准上要求鸡场有可食用饲料来源的户外林地、草场、山地、坡地等。因此在指标水平上，散养是有机认证的必要非充分条件，这一条件在使用Ngene 1.1.1进行实验设计时将被考虑在内。

本书的选择实验包含了三个可供消费者选择的选项，一个普通鸡蛋选项和两个有机标签鸡蛋选项。在实验设计中，使用了包含限制条件的实验设计方法，生成了32个选择集，这些选择集在生成的同时被分为8组，每组包含4个选择集。最终得到实验设计，反映设计有效性的D误差为0.087，A误差为0.101（Scarpa & Rose, 2008）。32个选择集共得到8个版本的CE问卷，每份问卷要求受访者进行4次独立的投票，每次投票均要求受访者根据家庭情况在3个选项（一个普通鸡蛋选项和两个有机标签鸡蛋选项）中投票给“性价比最高”的一个。其中一个选择集如图6.1所示：

评估指标	普通鸡蛋	生态鸡蛋 1	生态鸡蛋 2
认证水平	无认证	绿色认证	无认证
散养与否	圈养	圈养	散养
营养水平	普通	普通	营养增强
价格	正常售价	2 倍售价	2.5 倍售价
请选择其中的一项：	□	□	□

图6.1　生态标签鸡蛋的选择集示例

（3）影响生态标签鸡蛋购买意愿的因素

由于生态标签食品被认为比传统食品更加安全、美味和营养，因而随着人们收入水平的增加和广泛报道的食品安全问题使得生态标签产品获得了消费者更多的认可，从而为生产者提供了扩展市场的机会。但是，消费者对生态标签产品的偏好是一个多维且复杂的决策过程，它涉及消费者对产品的信任、知识、经验等多方面的因素（Liang, 2016）。关于消费者对生态标签产品的偏好分析大量集中于量化消费者的动机和行为上，研究了许多潜在的解释性因素与消费者的购买行为之间的直接关系（Teisl et al., 2008）。若干研究表明，消费者的社会经济特征是影响生态标签产品需求的重要因素；同时也有其他研究表明消费者的利他主义动机，例如愿意为他人谋福利或为动物福利做贡献的意愿，也会影响消费者对生态标签产品的偏好（Berglund & Matti, 2006; Frey & Stutzer, 2006）；还有一些研究认为消费者对环境问题的关注程度与绿色消费者行为之间存在正向的相关关系（Bamberg, 2003; Thøgersen, 1999）。

生态标签本身在多大程度上能够影响消费者的消费方式，尤其消费者对生态标签的信任和知识水平如何影响消费者的决策，较少有文献关注。关于生态标签的文献中，将知识定义为一个人识别标签并理解其含义的能力（Thøgersen, 2000；Janssen & Hamm, 2012），并认为识别和理解生态标签的能力是影响消费决策的前提条件（Thøgersen, 2000）；此外，Aarset et al.（2004）认为知识是消费者对特定环境问题的感知。在实证研究方面，多项研究表明消费者对生态标签的了解水平存在显著差异。例如，McEachern & Warnaby（2008）的研究表明，苏格兰的消费者无法区分标有优质品牌、动物福利标签和有机标签的新鲜肉类；Thøgerse（2000）的研究表明有44%的丹麦消费者不知道生态标签的含义。消费者对生态标签背后的产品生产过程是主观的（Janssen & Hamm, 2012），当消费者在产品的生态标签与自己的价值观和偏好之间建立联系时，他们可能会有购买生态标签产品的意愿。如果消费者对生态标签的了解有限或不正确，可能会导致消费者对生态标签产品的消费意愿不足。因此，本书提出了关于生态标签鸡蛋购买决策的第一个研究假设：消费者越了解生态标签背后的生产标准，就越可能购买带有生态标签的鸡蛋。

此外，消费者对生态标签的信任是文献中强调的影响消费者偏好的另外一个因素。普通消费者很少直接从生产商那里购买产品，而是通常通过第三方（通常是零售商）购买产品。在大多数情况下，个人消费者不具备评估生产者是否遵守生产标准所需的信息。因此，消费者必须通过生态标签来保证产品确实包含所需的生产标准。消费者只有在信任生态标签信息的情况下才会在购买决策中纳入生态标签的信息（Thøgersen, 2000）。一些研究发现，消费对于商家绿色或有机产品的宣传持怀疑态度。例如Peattie（1995）、Eden（2010）的研究发现英美消费者认为商家使用绿色的宣传手段是为了获得更高的销售利润，并对商家的宣传持怀疑态度；另一些文献使用访谈数据发现消费者对标签的信任程度会影响他们对有机食品的购买决策（Padel & Foster, 2005; Janssen & Hamm, 2012; Daugbjerg & Sønderskov, 2012）。因此，本书提出了关于生态标签鸡蛋购买决策的第二个研究假设：消费者对生态标签的信任程度越高，就越可能购买带有生态标签的鸡蛋。

6.2.3 计量模型

在选择实验数据的分析中，因变量是基于受访者投票的离散数据，本研究建立了基于随机效用理论（Train，2009）的离散选择模型对选择实验数据进行分析，如公式6.1所示。

$$U_{nj} = V_{nj}(\beta_{\boldsymbol{n}}) + \varepsilon_{nj} = \delta \cdot ASC + \boldsymbol{\alpha}_{\boldsymbol{n}}' \cdot \mathbf{X}_{\boldsymbol{j}} + \gamma_n \cdot \ (-pay_j)\ + \varepsilon_{nj} \qquad (6.1)$$

其中，V_{nj}（β_n）是基于参数β_n，可观测的代表效用函数；ε_{nj}是不可观测的随机效用，其概率密度函数记为f（ε）。代表效用函数通常是线性的形式（Hensher et al，2003），包括三个部分：ASC_0是特定备择常数（Alternative Specific Constant），在普通鸡蛋选项时取值为0，否则为1，用于表示日常情况下的基准效用；向量$\boldsymbol{X}_j$是用于价值评估的指标在生态鸡蛋选择集j下的取值；$-P_i$是为生态鸡蛋支付价格的相反数。$\beta_n =$（$\delta, \alpha_n, \gamma_n$）是反映个体$n$对每个指标偏好程度的参数，研究者并不能观测到$\beta_n$，但可以对$\beta_n$在总体中的分布$f$（$\beta$）做出假定。$\varepsilon_{nj}$的分布$f$（$\varepsilon$）体现了非理性部分的影响。

由于以往研究中认为信任、知识、个体特征因素对消费者选择生态鸡蛋有显著的影响，本书中还纳入了个体异质性对偏好的影响，如公式6.2所示。

$$V_{nj}(\beta_{\boldsymbol{n}}) = ASC \cdot (\delta_0 + \boldsymbol{\delta}'_{\boldsymbol{n}}\boldsymbol{Z}_{\boldsymbol{n}}) + \boldsymbol{\alpha}'_{\boldsymbol{n}} \cdot \boldsymbol{X}_{\boldsymbol{j}} + \gamma_n \cdot pay_j \quad (6.2)$$

其中，$\boldsymbol{Z}_n$是个体层面的特征变量，$\boldsymbol{\delta}_n$反映了个体层面上的异质性对效用的影响。对公式6.2进行的估计可以得到生态鸡蛋的指标和消费者个人特征对效用的边际影响，进而使用边际替代率计算得到消费者愿意为生态鸡蛋的付费。

当f（ε）是Gumbel分布时，个体在所有生态鸡蛋中选择j而不选择其他的概率可以表示为：

$$P_{nj} = \text{Prob}\big(V_{ni} + \varepsilon_{ni} < V_{nj} + \varepsilon_{nj},\ \forall j \neq i\big) = \frac{e^{V_{nj}(\beta_{\boldsymbol{n}})}}{\sum_J e^{V_{nj}(\beta_{\boldsymbol{n}})}}$$

$$= \int \left(\frac{e^{V_{nj}(\boldsymbol{\beta})}}{\sum_J e^{V_{nj}(\boldsymbol{\beta})}}\right) f(\boldsymbol{\beta})\, \mathrm{d}\boldsymbol{\beta} \quad (6.3)$$

通过上述概率密度函数建立极大似然函数并得到待估参数β_n的分布情况，进而可以通过指标之间的边际替代率来获得消费者的支付意愿（WTP）：

$$WTP_{ni} = -(\partial V_{ni}/\partial x_i)/(\partial V_{ni}/\partial pay_i) = \boldsymbol{\alpha}_{\boldsymbol{n}}/\gamma_n \quad (6.4)$$

对于特定生态鸡蛋的支付意愿（记为CS），可以通过公式6.5得到：

$$CS_n = (\boldsymbol{\alpha}'_{\boldsymbol{n}} * \boldsymbol{X}_{\boldsymbol{j}}^{\boldsymbol{1}} - \boldsymbol{\alpha}'_{\boldsymbol{n}} * \boldsymbol{X}_{\boldsymbol{j}}^{\boldsymbol{0}} - \delta - \boldsymbol{\delta}'_{\boldsymbol{n}}\boldsymbol{Z}_{\boldsymbol{n}})/\gamma_n \quad (6.5)$$

其中，$\boldsymbol{X}_j^0$是普通鸡蛋各个指标的取值，$\boldsymbol{X}_j^1$是特定生态鸡蛋各个指标的取值。

6.2.4 实证结果

(1) 样本特征

本书的数据来自于2018年10月，调研员在重庆市主城区的抽样调研。问卷调研采取面对面访谈的方法共发放问卷520份，回收信息完整的问卷509份。进一步，在面对面访谈的过程中，通过调研员观察受访者参与调研过程的认真程度，当场判断问卷的有效程度，在此基础上剔除掉无效问卷，最终得到有效问卷483份，问卷有效率为92.9%。对有效样本的描述性统计分析见表6.2。

表6.2　样本特征的描述性统计分析（样本量=483）

变量	描述	均值	方差
gender	性别，女=1；男=0	0.53	0.50
age	年龄，20~30岁=1；31~40岁=2；41~50岁=3；51~60岁=4；60岁以上=5	2.66	1.07
edu	教育程度，小学或以下=1；初中=2；高中=3；高中以上=4	2.66	0.98
income	家庭人均年收入，低于1万=1；1万~2万=2；2万~3万=3；3万~4万=4；4万~5万=5；5万以上=6	3.33	1.48
kid	家里面是否有孕妇或儿童，有=1；无=0	0.39	0.49
trust	您对包装上关于饲养方式标签的信任程度	3.39	1.35
knowledge	您对包装上关于饲养方式标签的了解程度	2.64	1.20

注：*trust*为5级李克特量表，选项赋值分别为“非常不信任”=1、“不信任”=2、“一般信任”=3、“信任”=4、“非常信任”=5；*knowledge*为5级李克特量表，选项赋值分别为“非常不了解”=1、“不了解”=2、“一般了解”=3、“了解”=4、“非常了解”=5。

表6.2显示了男性和女性的样本数量相当，受访者的平均年龄大致在40岁到50岁之间，受访者的平均受教育程度在初中到高中之间，受访者的家庭人均年收入水平在3万到4万之间。通过重庆市统计年鉴，可知重庆市城镇居民2018年人均可支配收入为3.49万元，位于3万到4万之间，因此本文受访者的收入水平与统计年鉴的水平一致。重庆市六普数据显示，每十万人口中受教育程度小学或以下、初中、高中、高中以上受教育人口分别为3.3万、3.3万、1.3万、0.8万，通过计算可知平均受教育水平约为1.95。考虑到样本来自于重庆市主城区，均值为2.66显著高于1.95，因此样本具有代表性。此外，样本家庭中有孕妇或儿童的家庭占39%。受访者对鸡蛋包装上饲养方式标签的信任程度为3.39，位于基本信任和信任之间；对饲养方式标签的了解程度位于不了解和一般了解之间。因此，样本反映了受访者对饲养方式标签的了解程度低于信任程

度，一些受访者表示鸡蛋包装上的标签信息有市场监管部门的监管，但是他们并不知道每个术语背后的真正含义。

（2）模型估计

在本研究中，使用Stata 15.0软件，对包含个体异质性的效用函数进行估计，结果如表6.3所示。在模型1中，使用了条件logit模型（conditional logit）；在模型2中，使用了前沿的混合logit模型（mixed logit）。此外，p为选择集中的价格水平（以倍数计）；认证水平为分类变量，因此本书将无认证作为基准水平，a_1为无公害认证，a_2为绿色认证，a_3为有机认证；散养与否以虚拟变量b表示，取值为1时表示为散养；营养水平以虚拟变量c表示，取值为1时表示为营养增强。在模型2中，设定了认证水平、散养与否、营养水平为随机参数，因此$std.a_1$、$std.a_2$、$std.a_3$、$std.b$、$std.c$分别为相应参数估计的标准差。

表6.3 模型参数估计结果

变量	模型1		模型2	
	系数	P值	系数	P值
ASC	1.653	0.000	1.732	0.000
gender	0.073	0.552	0.074	0.585
age	-0.047	0.412	-0.046	0.466
edu	0.071	0.256	0.077	0.260
income	-0.076	0.066	-0.077	0.092
kid	-0.412	0.001	-0.443	0.002
trust	-0.501	0.000	-0.528	0.000
knowledge	-0.142	0.009	-0.145	0.015
p	-0.224	0.000	-0.267	0.000
a_1	0.214	0.028	0.220	0.050
a_2	0.199	0.092	0.223	0.098
a_3	0.455	0.000	0.507	0.000
b	0.266	0.000	0.296	0.000
c	0.178	0.001	0.197	0.003
$std.a_1$	—	—	0.674	0.000
$std.a_2$	—	—	0.730	0.001
$std.a_3$	—	—	0.735	0.006
$std.b$	—	—	0.343	0.051
$std.c$	—	—	0.491	0.000

表6.3显示，受访者的个体特征在模型1和模型2中的显著性一致。如公式6.2所示，个体特征与*ASC*进行交互后进入效用函数并估计其参数。由于*ASC*在普通鸡蛋时取值为1，因而交互项的待估参数为负值表示普通鸡蛋为受访者带

来的效用为负值，也即受访者更愿意选择有机鸡蛋。个体特征中，性别、年龄、受教育程度对受访者选择生态鸡蛋均没有显著影响；而受访者的收入、家庭中是否有孕妇或儿童，对受访者选择生态鸡蛋有正向影响。受访者的收入每增加一个单位，生态鸡蛋带给受访者的效用增加0.076个单位；受访者家庭中有孕妇或儿童，生态鸡蛋带给受访者的效用增加0.412个单位。收入水平越高的受访者，家庭中有孕妇或儿童的受访者更偏好生态鸡蛋，这与理论预期相符，也与之前学者（崔春晓和宣亚南，2007；李怡洁等，2012；徐大飞，2010）的研究结论一致。此外，受访者的信任程度和知识水平与其选择生态鸡蛋存在正向的相关关系：受访者的信任程度每增加一个单位，生态鸡蛋带给受访者的效用增加0.501个单位；受访者的知识水平每增加一个单位，生态鸡蛋带给受访者的效用增加0.142个单位。验证了本研究在6.2.2部分提出的假设，与之前学者（Janssen & Hamm, 2012；Thøgersen, 2000）的研究结论一致。

生态鸡蛋的不同属性在模型1和模型2中均达到了10%的显著性水平，且对效用影响的方向一致。价格对效用有显著的负向影响，这与理论预期是一致的。认证水平方面，相对于无认证，“无公害食品”“绿色食品”和“有机食品”的认证标签均能够显著增加受访者的效用。从模型1来看，“无公害食品”相对于无认证能够使得效用增加0.214个单位，“绿色食品”相对于无认证能够使得效用增加0.199个单位，“有机食品”相对于无认证能够使得效用增加0.455个单位。“无公害食品”“绿色食品”认证对效用的影响程度没有显著的差异，“有机食品”认证对效用的影响程度最大。散养和营养增强也能够显著增加受访者的效用水平。从模型1来看，散养相对于圈养能够使得效用增加0.266个单位，营养增强相对于普通营养能够使得效用增加0.178个单位。

相对于模型1，模型2将认证水平、散养与否、营养水平设定为随机参数，得到参数估计的标准差在10%的置信水平下显著，说明受访者对有机鸡蛋的偏好存在显著的异质性。这一结果体现了Mixed Logit模型的优势，相对于传统的Logit模型放宽了“无关备择选项的独立性（IIA）”的假定，能够揭示不同个体选择中存在异质性，从而使模型假设更贴近现实。根据参数的正态分布特征可知，受访者对“无公害食品”、“绿色食品”和“有机食品”的偏好为正的比例分别为62.8%、62.0%、75.5%；受访者对散养的偏好为正的比例为80.6%；

受访者对营养增强的偏好为正的比例为65.6%。这可能是部分受访者认为普通鸡蛋已经可以满足日常的需求，或是对于生态标签的不信任，从而导致一部分比例的受访者认为生态标签不会给他们带来正向的效用。

6.2.5 价值评估结果

受访者愿意为生态标签支付的意愿可以通过公式6.4获得。由于在模型1和模型2中均设定了价格为固定参数，因此支付意愿α_n/γ_n可以通过stata的wtp命令直接获得，结果如表6.4所示。

表6.4 支付意愿的估计结果

变量	模型1			模型2		
	均值	上限	下限	均值	上限	下限
ASC	-7.374	-4.374	-12.616	-6.499	-3.778	-11.256
gender	-0.325	0.574	-1.336	-0.277	0.555	-1.212
age	0.212	0.691	-0.201	0.174	0.616	-0.210
edu	-0.315	0.127	-0.917	-0.289	0.119	-0.852
income	0.339	0.756	0.014	0.288	0.668	-0.015
kid	1.838	3.231	0.828	1.661	2.932	0.735
trust	2.233	3.556	1.543	1.982	3.161	1.365
knowledge	0.635	1.268	0.237	0.543	1.117	0.180
a_1	0.954	0.295	1.792	0.827	0.187	1.609
a_2	0.886	0.003	1.930	0.836	-0.005	1.846
a_3	2.029	1.260	3.249	1.904	1.139	3.023
b	1.186	0.673	1.999	1.109	0.622	1.886
c	0.796	0.401	1.345	0.737	0.334	1.299

注：本表计算结果由wtp命令获得，估计结果来源于Krinsky & Robb（参数的Bootstrap）方法1000次的自助抽样，上限和下限为90%的置信区间的上界和下界；*CS*为补偿剩余，其计算过程不包含不显著的支付意愿估计结果。

表6.4显示，模型1和模型2获得的支付意愿之间存在的差异很小，这也验证了本文价值评估估计结果的稳健性。由于模型2相对于模型1而言，纳入了生态标签偏好的异质性（多了5个待估参数）而具有更小的对数似然函数值，使用LR检验可以获得卡方检验为21.08（自由度=5），在1%的置信水平上显著优于模型1的估计结果，因此以下将基于模型2的结果来讨论人们愿意为生态鸡蛋支付的价格。模型2显示，性别、年龄、受教育程度和收入对支付意愿的影响在10%的置信水平下不显著；受访者家庭中有孕妇或儿童、受访者对生态标

签较高的信任程度和知识水平均能够提高受访者对生态鸡蛋的支付意愿。有孕妇和儿童的家庭相对于没有孕妇和儿童的家庭，其愿意为生态鸡蛋多支付166.1%；受访者对生态标签的信任程度、知识水平每增加一个单位，其愿意为生态鸡蛋多支付198.2%和54.3%。此外，受访者愿意为包含“无公害食品”、“绿色食品”和“有机食品”标签的生态鸡蛋分别多支付82.7%、83.6%和190.4%；愿意为散养鸡的鸡蛋多支付110.9%；愿意为营养增强鸡蛋多支付73.7%。

考虑到调研期间重庆市的鸡蛋价格约为9元/公斤，那么平均而言，受访者对于是否为营养增强鸡蛋支付的溢价最低，为6.6元/公斤；愿意为散养鸡蛋支付的溢价为10.0元/公斤。鸡蛋厂商进行官方认证的努力存在一定的溢价空间，受访者愿意为含有“无公害食品”标签或“绿色食品”标签的生态鸡蛋多支付7.5元/公斤，愿意为含有“有机食品”标签的生态鸡蛋多支付17.1元/公斤。其中“有机食品”认证最为严格，消费者愿意为其支付的溢价也最高（多支付17.1元/公斤）。总体上，消费者对含有“有机食品”标签、散养、营养增强的生态鸡蛋支付意愿最高，愿意为其多支付375.0%，也即42.8元/公斤。

总体而言，对生态鸡蛋价值评估的结果与当地商超对生态鸡蛋的定价区间一致，同时也能够为销售者进一步优化生态鸡蛋的定价策略提供指导。例如，消费者目前对营养增强鸡蛋的接受程度不高、对于“有机食品”认证标签的支付意愿最高，销售者可以针对性地增加包含“有机食品”认证标签的生态鸡蛋来提高销量。此外，本研究还发现家庭中有孕妇或儿童、对生态标签较高的信任程度和知识水平均能够提高消费者对生态鸡蛋的购买意愿，因此销售者通过有针对性的宣传策略，例如在宣传中强调鸡蛋对孕妇与儿童的重要性，更为详细地对产品认证信息进行说明以提高消费者的知识水平，使用第三方认证信息或溯源信息来增强消费者的信任等，来提高生态鸡蛋的销售量。

6.3 私人生态产品购买制度的构建

6.3.1 私人生态产品购买制度的现状

首先，私人生态产品的价值实现方式主要包括经营开发利用、绿色金融支持（张林波等，2019）。经营开发利用是生产者通过物质原料利用和开发，本着互惠互利、公开平等协商的原则与消费者构建买卖关系，实现产品价值。比如相关私人企业通过承包土地进行绿色养殖生产跑山鸡、绿色鸡蛋等，再通过市场售卖获得利润实现商品价值。绿色金融主要是通过市场机制的设计，以金融的手段，如信贷政策支持、绿色保险、定向降息降准等引导资金流向生态产品产业领域，让生态产业具有更低的资金成本，以此助力生态产品生产企业的发展。在这一过程中，政府也可以通过构建良好的生态环境，吸引高端人才和优质企业的入驻来推动生态价值得以实现。

其次，私人生态产品的交易主体主要是政府、市场组织者及消费者三个方面。其中，政府在生态标签产品市场发挥着授权、监管、指导的职责；市场组织者是通过经营，旨在实现利润最大化的生产商与零售商；消费者为居民个体或者企业（Lv et al., 2020）。交易的目标为产权可清晰界定、品质经过权威认证的生态产品，这些产品生产过程使用的原料以自然资源为主，少添加剂，低污染，低消耗，以有机农产品为典型代表,比如农场鸡蛋、有机蔬菜等。就交易市场来看，主要供给者为第二、第三产业内的工商企业，主要需求者为具有绿色消费理念的大众消费者及部分企业（刘卫华和孙爱真，2016）。从售卖渠道来看，目前仍以传统营销渠道，如实体店售卖为主，电商营销模式仍处于初级阶段，很难满足高品质消费者对生态产品全方位追踪的品质信任要求，生产商的供应链、仓库储存成本较高。

最后，无论采取何种途径实现生态产品的价值，都必须由消费者的终端消费完成整个生态产品由生产到消费的完整价值实现链条。伴随人们收入水平的提高，对绿色产品的需求也不断增大。根据预测，截止2018年初，我国认证的有机产品企业1009家、产品3997个，共向272家企业审核发放有机防伪标签。在将来，我国国内的有机农产品将达到600亿元的市场规模，有机食品的市场份额将达到1%~1.5%，其中消费者主要意愿的购买种类包括农场鸡蛋、有机蔬菜、绿色橄榄油等等。从目前私人生态产品购买制度的构造来看，虽然政府大力提倡公众消费更多的生态产品并提供了众多的政策支持与行政保障，但仍存在消费者对各类生态产品的信任程度有限、产品认同感不高、购买意愿不强的问题，生态标签产品的生态附加值溢价并不能得到完全实现（Atinkut et al., 2020）。

6.3.2 私人生态产品购买制度的构建方式

（1）生态标签认证体系

生态标签是“绿色”“环保”的象征，通常是指授予某种商品的识别标志（Reczkova et al., 2013），是搭建消费者、生产者之间信任的桥梁。因此可以通过生态标签认证体系建立私人生态产品的购买制度。

首先，根据市场信号理论，由于生产商、零售商与消费者的信息不对称问题，消费者在一次或者多次的购买体验中往往都不能确定其购买的商品是否为真正的绿色产品，这时商家就通过“生态标签”向消费者传递商品“绿色深浅”的信号，消费者由此类标签可知该类产品具有多高的生态质量，做出购买决策（Chekima et al., 2016）。在多轮次的评估中，消费者会对产品的信息做进一步的甄别，优化自己的消费决策；生产者会进行生态标签级别的调整，进行信号的调整优化，在不断的优化博弈中达到均衡。其次，根据消费价值理论，消费者购买商品时对商品的价值预估会包含功能、社会、认知和条件价值等几个方面。但伴随近年来绿色消费理念的不断发展，研究发现消费者在购买同类商品时会更多地关注其社会价值（环境价值等），而将功能等其他因素放在次要地位（张学睦和王希宁，2019）：例如Khan & Mohsin（2017）通过结构方程研究巴基斯坦消费者对同类商品的购买行为，结果表明社会因素（环保贡献、绿色消费理念）起着显著的正向调节作用。因此我们推测，“生态标签”的绿色信号传递会增加消费者对生态产品的社会价值的信任度，从而提高其购买意愿，由此生态产品的价值在终端得以实现。

（2）溯源系统

溯源系统能够实现农产品的源头可追溯、流向可追踪、责任可追溯等要求。对于消费者而言，生态产品的价格远远高于同类普通产品，而生态产品与普通产品的最大消费感知区别在于产品所包含的绿色消费理念与健康低污染。因此如何让消费者信任商品是“绿色无污染”是生态商品价值实现的关键，数字化的溯源系统能够很好地解决这一问题。自我国“十二五”以来，现代化农业的发展取得了举世瞩目的成就，但仍然存在农业耕作数字化程度低、农产品生产效率低下、信息不完全等问题。农业农村部就此提出要求加强农业的产业化、数字化发展，溯源系统的建立符合我国现代农业的发展方向。

溯源系统的技术优势主要包括全程溯源监管、区块链追溯技术、视频直播技术、二维码技术、大数据分析与运动轨迹监测追溯。①全程溯源监管能很好解决生态产品在生产、流通、库存等过程中标识产品、追踪产品等问题，而使数据更加标准化、流程更加规范化。②区块链技术的去中心化等特点保障了市场秩序的有效运转，树立了很好的品牌形象。③视频直播技术能够让消费者更清楚、直观地了解生态商品的生产、销售等过程。④二维码技术赋予每一个商品唯一的标识，每一个商品都有自己的专属“身份证”，形成可追溯的诚信认证体系，譬如现代生态农业物联网统一编码的主要应用技术——Ecode农产品防伪追溯编码应用（刘澍，2014）。⑤大数据分析技术有助于在云端掌控有效数据，优化个性化营销，实时查询产品流向，掌握门店销售动态。⑥运动轨迹监测追溯实时监测生态产品的整个活动轨迹、时间、健康情况、成长周期等，通过手机APP、视频直播软件等能实时看到，并向消费者更新物流信息。

通过溯源系统能够建立生产商、零售商与消费者之间的信任机制，从而保障生态产品价值的实现。

（3）区块链技术

生态商品价值的实现很大部分取决于供应链是否能够低成本、高效率地运转。同时，在生态产品的生产过程中，由于供应链节点各供应主体的增多，物流外部环境面临着复杂的变化等情况，使得各权利主体之间权利义务不对等，供应链内各个参与者之间存在着严重的信息不对称问题（尚杰和吉雪强，2020），这可能进一步导致各参与主体的机会主义行为，从而带来信任危机（李维安等，2016），导致消费者不愿意支付生态产品的价值溢价。在大数据高速发展的时代，学者们发现区块链的高新技术能够很好地解决上述信息约束与信任的问题（何大安，2018）。

本书认为区块链技术能够通过以下方式助力生态产品价值的实现。首先，区块链技术能够有效地规避数据在互联网环境下的流动，有利于减少或者部分消除信息不对称性（李晓和刘正刚，2017），从而有助于生态产品供应链的正常运转。其次，基于区块链技术的生态产品溯源系统能很好地解决传统溯源系统的“链条短”“静态追踪”“程序烦琐”等问题。区块链技术的核心在于去中心化，无须信任且账簿共享，安全透明，不可篡改，能以智能合约程序的方式促进各节点的商务合作（Hull et al., 2016），形成“数字智能资产”的灵活性供应链治理（Huckle et al., 2016）。最后，区块链技术通过分布式储存数据库可实时对生产、流通、销售等环节进行监控，通过消除中介机构，提高供应链的周转效率，追溯商品的每个周转流程（Ali et al., 2016），确保商品生产的透明度及可溯源性（Frank, 2018）。

6.3.3　私人生态产品市场购买制度的应用

如前所述，消费者愿意为生态标签产品支付更高的溢价，但由于信任、知识等因素的限制，限制了部分消费者对私人生态产品的支付意愿。因此，以下将以生态标签产品为例，对私人生态产品市场购买制度的建立进行应用分析。本研究构建的生态标签产品购买制度如图6-2所示，以下将展开分析。

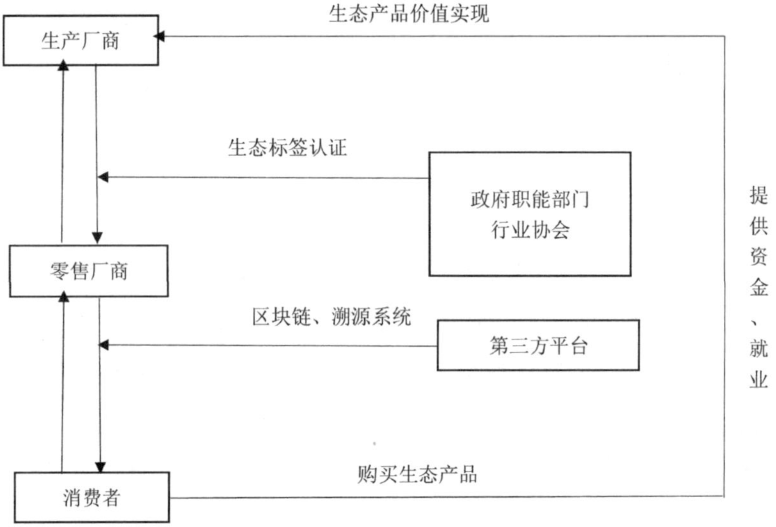

图6–2　生态标签产品购买制度的示意图

（1）生态标签认证体系

生态标签的存在不仅给生产者带来了产品的竞争优势，而且提高了产品生态附加值。随着生态产品认证体系的不断完善与消费者对生态产品需求的不断增大，根据推算，2050年全球范围内经过权威认证的有机农产品市场总值可达9000亿美元，而经过认证的林产品市场总值可达500亿美元。但如今市场上各类所谓的绿色产品鱼龙混杂，其是否符合真正生态产品的要求，具有生态的溢价价值，还必须由专业的认证系统给予评估。习近平主席曾指出“绿色生态是最大财富、最大优势、最大品牌”，那么如何利用优势，树立生态形象，获得效益最大化？建立完善、专业的认证体系制度就是其中一大重要手段，这会影响到生态产品最终价值的实现。而认证所带来的成本费用会包含在商品的价格中，由消费者承担。对于目前世界范围认证制度，林产品与海洋水产品的制度建设已相对完善，标签已经广为宣传，主要包括：林产品认证中的森林管理委员会（FSC）认证、森林认证体系认可计划（PEFC）认证、雨林联盟（RA）认证；海洋水产品中的海洋管理理事会（MSC）认证、海洋水族馆理事会（MAC）认证。

同时我们发现，市场上售卖的生态产品大多被贴上了地缘性标签，地理商标成为商品溢价的重要认证标识，比如：武夷山生态乌龙茶，××山黑猪肉等等，这些都可被称作生态原产地保护产品（PEOP）。生态原产地产品主要强调产品生产过程的“生态化”，是指产品全生命周期，符合绿色生态、环保节能、低碳低消耗要求并具有原产地特征和特性的良好生态型产品（孔璎红等，2016）。生态原产地产品保护是以国际生态标签制度为借鉴，延续了地理标志的基因，建立的一种以国家信用作为背书的产品保护，展现了产品本身的“信誉度”。伴随国内生态产品需求的不断增大与生态产品市场的不断发展，为规范市场交易，以国外的生态标签制度为借鉴，中国也逐渐建立了具有知识产权的生态原产地保护体系。2012年9月29日，国家质检总局颁布了系列法律文件，如《生态原产地产品保护评定通则》等，标志着中国生态原产地产品保护的评定工作正式启动；到2015年，国家质检总局重新修订了《工作导则》《管理规范》，提出建立生态原产地产品保护示范区，推进地方生态文明建设，将特色产业生态化，培育新的产业集群核心竞争力，这些共同构成了中国生态原产地保护体系，开创了以“原产地”保护生态产品的先河。

带有地理标志的商标表明经过了权威认证，因此从消费者心理的角度，会认为该种商品比传统商品具有更高的生态质量，符合消费者追求“生态”“环保”的消费心理需求，因而愿意为该种生态商品支付溢价。根据市场调研，带有地缘性商标的商品比同类普通商品的价格高出约20%~90%。为确保带有地缘性商标商品的附加值可信度，我国也建立了一套认证体系，如ISO14000环保服务认证、有机农产品认证等。

（2）溯源系统

溯源系统是基于物联网、云端技术等打造的产品追踪平台，在保障生态产品的质量可追溯方面应用广泛。以兆信股份开发的商品溯源云平台为例①，该系统主要包括了产品从种植到销售的完整5个模块。种植信息模块通过建立批次关联实现日常作业数据，通过客户端将信息直接传输给订单采购者；养殖信息模块实现将牲畜等养殖溯源，养殖信息化呈现给消费者；生产加工信息模块主要实现半成品初加工、成品深加工的溯源；质检信息模块通过导入行业质量标准及上传质检报告，做到将质检信息信息化呈现给终端用户。基于上述信息分析，溯源系统主要是通过相关互联网、云技术的手段让消费者实现对商品生产全过程的可视化，创造消费者对商品品质的信任度，以此来提升其购买意愿，实现生态产品的生态附加值。

（3）区块链技术

区块链技术的去中心化、及时性、安全性为生态产品的生产、供应链平稳运行带来了有利保障，在创造信任的市场机制中发挥着重要的作用。第一，数据更新与保存方面。分布式的数据记录方式降低了时间成本，保障了数据的可靠性、安全性和及时性。第二，操作流程方面。在产品全生命周期溯源数据记录过程中，产品上每个时间戳可以真实可靠地记录产品的准确生命节点，保障了消费者对商品的可视化要求，实现了“区块链+一物一码”的动态全方位搜索。第三，监管方面。得益于区块链技术的去中心化特性，监管机构可以作为独立的节点参与监控，大大地提高监管效率，并有效地降低监管成本（闫婷等，2020），实现行业监管数字化的目标。

上述特点在2017年9月28日我国推出的首个农产品区块链防伪系统——中兴云链开发的区块链溯源系统中得到了很好的体现，该系统已经和黑龙江农垦在有机大米上进行示范合作，并推出了国内第一个手机APP应用——“米

---

① 资料来源：https://www.t3315.com/yiwuyima/fwsy.html

恋”。米恋是中兴云链研发的基于C-Ledger区块链大数据库的手机客户端应用，用户可以在手机上对谷物进行真伪验证，查询到谷物从种子开始，到种植、加工、销售一直到物流的全流程溯源数据。同时该系统技术兼顾了用户的习惯，比如用支付宝扫码、支持微信扫码等功能，让用户在体验科技的同时，真正爱上其生产的大米。

6.3.4 私人生态产品购买制度的保障

（1）信任机制

消费者的消费行为以信任为基础。为保证生态产品的公信力，政府部门也做出了相关努力，如建立生态标签产品认证体系、尝试应用溯源系统、区块链技术等。基于信任的购买交易制度能从如下几方面帮助生态产品实现价值。首先，从福利经济学的角度来看，信息不对称导致的逆向选择问题往往都会导致社会福利的损失，尤其是在食品安全问题中。而基于信任的交易制度，如可追溯系统的建立对于解决这一问题非常重要，它可以帮助提高供应链运作的效率（何德华和史中欣，2019）；生态标签认证体系等能够有效捕捉经济利益价值、缓解市场失灵（Merli et al., 2019），为生态产品供给者创造附加价值（Nath, 1994）。其次，生态产品的价值本就具有难以测量性，积极发挥市场信任机制的调节作用，搭建信用交易平台能有效引导理性消费者展示自己的真实心理预期与需求，减少价格扭曲等问题，那么生态标签商品本身的价值能更好地实现，低效问题能得到更好地解决（Atinkut et al., 2020）。最后，从消费者的角度，其对于生态产品的价值认识还不够充分，产品认同感不高，信任制度的构建，比如生态标签等能够从第三方的角度减少信息不对称性，帮助消费者了解产品的特征与质量，以此提高潜在目标客户的购买需求。

（2）质量保障

生态产品的无公害、绿色、有机和地理标志保护特征使其生产成本远远高于普通产品，因此这部分溢价需要在消费者的购买行为中得到补偿。消费者作为生态产品的需求方，在购买时势必会考虑生态产品作为普通商品的风险以及其包含生态溢价的利得均衡，由此，消费者对于生态产品作为普通商品的质量安全以及作为生态产品具有生态附加值价值的信任是生态标签产品获得价值实现的重要前提。特别是近几年来，三聚氰胺、苏丹红等食品安全问题频发，再一次将消费者与生产商之间的信任问题推向了风口浪尖。如何保证生态产品的质量，是政府及整个市场交易着重关注的问题。

有效的私人生态产品质量保障能够向消费者传达关于产品品质的信息，可以通过以下几个方面来满足质量保障的要求。首先，将质量保障作为生态产品的生产标准，并对田头到餐桌的整个产品生产环节进行控制，以使得质量保障能够为消费者提供消费标志的作用。例如，有机食品的质量保障，不仅应当对产品的生产环境进行有效的控制，还应制定与产品运输、加工、销售等环节配套的标准，以保障到达消费者手中的产品质量。其次，通过没有利益冲突的第三方对产品进行配套的检验，以确保检验的质量。例如，泰国在2007年启动的“泰国虾质量计划”通过第三方部门开展对泰国养虾的最佳水产养殖规范认证，其中包含了对养殖污水处理、生态禁养区的规定等内容，为泰国水产养殖业的国际竞争力提升与持续发展提供了良好的保障。最后，建立生态产品零售的专卖系统。由于生态产品的质量标准高于一般产品，通过建立专卖系统一方面能够为建立声誉以保证产品达到所声明的质量要求，另一方面为消费者提供了品质稳定的产品以保障产品的质量要求。

6.4 本章小结

本章的理论部分首先对私人生态产品的内涵、价值来源及价值构成进行了梳理。与传统商品相比，私人生态商品价值来源的特殊之处在于其包含大自然生产（生态附加值）与人类劳动两个部分；从价值构成来看，其价值表现在生态协调、收入增长、社会稳定等多个方面。随后本章对私人生态商品的定价方式进行了阐述，主要包括消费者异质性环保偏好下的生态标签产品定价、基于委托代理理论的生态标签产品定价、理解价值定价、需求价格弹性定价四个方面。就私人生态商品的价值实现来看，本章经过文献梳理发现市场中生态标签产品的交易价值被低估，价值没有在市场交易中完全实现。

本章的实证部分选取了生态标签鸡蛋作为私人物品中的生态产品案例，

使用选择实验方法量化研究了人们对生态标签鸡蛋的偏好信息。在实验设计中，使用了认证水平、散养与否、营养水平和价格作为生态标签鸡蛋的指标，并结合偏好异质性的mixed logit模型纳入消费者信任、知识、受教育程度等因素对生态标签鸡蛋消费意愿的影响。使用重庆市主城区抽样调研的483份问卷，结果显示：个体特征中，性别、年龄、受教育程度对受访者选择生态鸡蛋均没有显著影响；而受访者的收入、家庭中是否有孕妇或儿童，对受访者选择生态鸡蛋有正向影响；认证水平方面，相对于无认证，“无公害食品”“绿色食品”和“有机食品”的认证标签均能够显著增加受访者的效用；散养和营养增强也能够显著增加受访者的效用水平；受访者愿意为包含“无公害食品”“绿色食品”和“有机食品”标签的生态鸡蛋分别多支付82.7%、83.6%和190.4%；愿意为散养鸡的鸡蛋多支付110.9%；愿意为营养增强鸡蛋多支付73.7%；总体上，消费者对含有“有机食品”标签、散养、营养增强的生态鸡蛋支付意愿最高，愿意为其多支付375.0%。由此可见，在消费者的购买行为中，私人生态商品的价值确实没有被完全实现，价值存在被低估的问题。

私人物品中的生态产品因其具有生态附加值，价格远高于同类产品，因此在交易机制中应创造信任来保证溢价的实现。生态标签认证体系、溯源系统、区块链技术能够向消费者提供实时、准确、权威的产品信息，减少供应链的运营成本，优化生态产品生产、购买效率，搭建消费者与生产者之间的信任平台。政府要发挥相关职能部门的权威、指导作用，建立一个公平、透明、有效的交易平台。政府应在产品质量把关，通过技术支撑、财政投入等手段建立一套权威、公开的生态标签产品认证体系，在涉及产品质量安全时，相关职能部门应依据相关政策法规，严肃处理，以政府公信力建立消费者与生产商之间的信任。同时，由于生态产品产业的发展还处于初级阶段，在流通转让中，当市场价格低于保护价格时，政府应按照相关专业机构核准的价值量进行收购，以此来支持、引导绿色产业的发展，实现生态产品的绿色附加值。

市场各主体应积极宣传绿色消费理念，设计具有及时性、准确性、动态性的信息化、可视化生态产品交易机制。要充分挖掘电商+区块链的功能，缩减产品与消费者的距离，增强消费的高度认同感，如电商与原产地“联采”合作模式，从产地源头控制品质，保证产品原产地的正宗性。要以乡村农户生产为中心的农业生态原产地保护产品，譬如可依托乡村集体组织或专业合作社，自下而上构建“种养—加工—销售—物流配送”的农业全产业链，积极采用溯源系统、区块链等技术提供实时可追溯的数据，创造信任，增加价值捕获。

七、结论与展望

7.1　研究结论

党的十八大以来，生态文明思想早已深入人心，人民群众在经历了粗放型经济增长、新常态和绿色发展的一系列过程后，对优美的生活环境产生了巨大的渴望。只有通过顶层设计、系统规划、总体决策，才能从制度安排上解决生态产品供给不充分与人民需求的现实矛盾。然而生态产品供给难题的根本来自于长期以来对生态产品价值的忽略，当人们一直习惯用“成本”确定生态补偿的额度时，生态产品供给者的生产积极性必然受到抑制。通过偏好分析生态产品存在的价值基础与价值标准，继而构建购买制度促进生态产品的价值实现，才能从根本上激励生态产品的供给。本研究对生态产品的内涵与类型进行了阐述，针对不同分类的生态产品分别进行价值的论证与评估，并提出购买制度构建的建议。研究结论主要有以下几点。

第一，生态产品内涵是广义的，包括多层次、多类别的内容。生态产品是生态系统通过生物生产和与人类生产共同作用为人类福祉提供的最终产品或服务，是与农产品和工业产品并列的、满足人类美好生活需求的生活必需品。根据附加人类劳动的多少，生态产品分为三个层次的内容：一是生态产品是生态系统的自然要素，维系生态安全、保障生态调节的功能，即生态系统自然生产为人们健康和生命贡献的人类福祉；二是生态产品还包括人类基于自然资源，投入一定的人类劳动后的产品，是人类生产与自然生产共同作用下的有形或无形产物，如农林产品、有机绿色食品、依托于生态环境的精神文化产品等；三是通过如清洁生产、节能减排等特殊的生产技术手段，以降低生态资源损耗为目标的人类社会生产产物，如恢复生态环境使用的设备和服务、生态设计工业品等物质产品。通过是否存在排他性以及是否存在竞争性两个判断标准，本研究将生态产品分为纯公共生态产品、公共池塘生态产品、俱乐部生态产品和私人生态产品。按此分类的各个生态产品子集之间没有含义上的重叠，且具备自身鲜明的价值特征，为后续的研究提供了研究基础。

第二，本书使用价值评估方法对不同类型生态产品的价值进行了评估，建立了生态产品购买制度的价值基础与价值标准。对于纯公共生态产品而言，本文使用选择实验与支付卡式条件价值评估相结合的方式对空气质量改善的价值进行了评估。研究发现，受访者对空气质量的改善有较高的支付意愿，选择实验与支付卡式条件价值评估的结果存在显著差异，但选择实验的结果更加有效且对于政策制定者有着更高的参考价值。对于公共池塘生态产品而言，本研究使用双边界二分式条件价值评估对水资源安全改善的价值进行了评估。研究发现，涪陵页岩气开采地区的居民愿意为加强水资源安全的支付意愿为每年32.655元，占每户年基本燃气费的3.80%，提高水安全的总现值约为4.64亿元。对水资源安全的价值评估可以为决策者提高水安全的决策提供合理性，从而使政策与社会需求保持一致。对于俱乐部生态产品而言，本研究使用旅行费用法对三江源地区毛庄乡生态旅游的价值进行了评估。研究发现毛庄乡生态旅游产品的价值为18.46亿元/年，毛庄乡的管理者应当充分意识到生态产品的价值，不能为了增加旅游收入而导致景区生态资源的破坏，需要重视对景区的规划和管理以不断提高旅游者的消费者剩余。本研究使用选择实验对生态标签产品的价值进行了评估。研究发现公众愿意为包含“无公害食品”“绿色食品”和“有机食品”标签的生态鸡蛋分别多支付82.7%、83.6%和190.4%；愿意为散养鸡的鸡蛋多支付110.9%；愿意为营养增强鸡蛋多支付73.7%；总体上，消费者对含有“有机食品”标签、散养、营养增强的生态鸡蛋支付意愿最高，愿意为其多支付375.0%。

第三，本书针对不同生态产品的特点，分类阐述了生态产品购买制度的构建。对于纯公共生态产品，提出利用配额交易与商品附加费等市场化的手段，配合政府购买，共同构建纯公共生态产品的多元多维度购买制度。对于公共池塘生态产品，其购买制度应当从完善交易平台货币购买、生活条件购买、生产条件购买的几个方面进行构建；同时应当考虑将资源税纳入生态保护费或者征收生态保护金，将生态保护费用内置于企业的生产成本之中；采用转移支付的方式，在生活条件方面给予当地居民更多扶持。对于俱乐部生态产品，需要重视对社区整体的规划和管理以不断提高其内在价值，将经济收益投入到其他生态产品的保护与开发中，建立反哺机制，实现“在开发中保护、在保护中开发”的良性互动，最终实现生态产品的可持续发展。对于私人生态产品，在交易机制中应创造信任来保证溢价的实现，建立生态认证体系、溯源系统、区块链技术能够向消费者提供实时、准确、权威的产品信息，减少供应链的运营成本，优化生态产品生产、购买的效率，搭建消费者与生产者之间的信任平台，以信任促进生态产品价值市场化的实现。

综上，本书基于价值理论对四类生态产品购买的价值基础和价值实现进行了论述。总体而言，生态产品购买机制的实现需要建立以公众偏好为基础的价值评估机制，为购买机制的建立提供价值基础与价值标准；在政府主导供给和购买的传统途径上进行拓展，形成多元、多维度的生态产品购买制度。

7.2 研究展望

（1）研究范围方面

本书将生态产品购买制度作为主要内容，并采用了生态产品广义的定义方式，包含了广泛、多尺度的研究范围。因此，在选择实证研究对象时，针对每个类型的生态产品的分析只能选取典型的研究对象。由于各地的经济水平和生态环境条件相差很大，基于某类生态产品而提出的购买制度是否适用于更大范围还需要探讨。此外，为了提炼出某一类生态产品的购买制度，因为对象多且杂，其统一的购买制度相对比较抽象，还需要在具体实践中进一步落实。

（2）研究方法方面

本书在实证阶段运用了大量的调研数据，使得文章言之有据，更加规范和客观。但由于生态产品价值分为多个方面，对大尺度下生态产品进行准确的价值评估几乎是不可能完成的任务。将现有区域生态产品价值评估的结果应用于其他地区需要解决适用性的问题。这一方面需要更多价值评估研究案例和研究数据的积累，另一方面需要通过效益转移的方法建立生态产品的区域价值校准标准，为各地的生态产品价值标准的建立提供定量的参考。

（3）理论拓展方面

我国生态文明建设在“两山”理论的指引下体现出鲜明的时代特征，其中生态产品的相关理论与实践为“两山”理论的发展提供了物质载体。更多、更好地评估与实现优良的生态产品的价值是一个涉及资源系统和管理系统的系统性工程，体现了人与自然和谐的价值取向，必然将成为解决新时代社会主要矛盾的一个重要途径。目前，仍然缺乏对生态产品购买制度的绩效评价、监管制度、生产标准、国际比较等方面的研究，需要学术界的进一步研究。

参 考 文 献

[1] Aarset B, Beckmann S, Bigne E, et al. The European Consumers' understanding and perceptions of the 'organic' food regime[J]. British Food Journal, 2004, 106(2):93-105.

[2] Abbott J K, Klaiber H A. The value of water as an urban club good: A matching approach to community-provided lakes[J]. Journal of Environmental Economics and Management, 2013, 65(2): 208-224.

[3] Acharya H R, Henderson C, Matis H, et al. Cost effective recovery of low-TDS frac flowback water for re-use[J]. Global Research, 2011: 1-100.

[4] Adamowicz W, Boxall P, Louviere W J. Stated Preference Approaches for Measuring Passive Use Values: Choice Experiments and Contingent Valuation[J]. American Journal of Agricultural Economics, 1998, 80(1):64-75.

[5] Aguiló E, Alegre J, Sard M. The persistence of the sun and sand tourism model[J]. Tourism management, 2005, 26(2): 219-231.

[6] Ali M, Nelson J, Shea R, et al. Blockstack: A Global Naming and Storage System Secured by Blockchains[R]. Proceedings of Usenix Atc '16: 2016 Usenix Annual Technical Conference, 2016:181-194.

[7] Arrow K. Report of the NOAA panel on Contingent Valuation[J]. Federal register, 1993, 58.

[8] Atinkut H B, Yan T, Zhang F, et al. Cognition of agriculture waste and payments for a circular agriculture model in Central China[J]. Entific Reports, 2020, 10(1):1-15.

[9] Ayuso S. Adoption of voluntary environmental tools for sustainable tourism: Analysing the experience of Spanish hotels[J]. Corporate social responsibility and

environmental management, 2006, 13(4): 207-220.

[10] Babakhani N, Lee A, Dolnicar S. Carbon labels on restaurant menus: do people pay attention to them?[J]. Journal of Sustainable Tourism, 2020, 28(1):51-68.

[11] Bamberg S. How does environmental concern influence specific environmentally related behaviors? A new answer to an old question[J]. Journal of Environmental Psychology, 2003, 23(1):21-32.

[12] Bateman I J, Brouwer R, Ferrini S, et al. Making Benefit Transfers Work: Deriving and Testing Principles for Value Transfers for Similar and Dissimilar Sites Using a Case Study of the Non-Market Benefits of Water Quality Improvements Across Europe [J]. Environmental & Resource Economics, 2011, 50(3): 365-87.

[13] Bateman I J, Fisher R, Fitzherbert R, et al. Tigers, markets and palm oil: market potential for conservation[J]. Oryx, 2010, 44(2):230-234.

[14] Bayon R. Making Environmental Markets Work: Lessons from Early Experience with Sulfur, Carbon, Wetlands, and Other Markets[R]. Washington, D.C.: Forest Trends, 2004.

[15] Bchir M A, Willinger M. Does a membership fee foster successful public good provision? An experimental investigation of the provision of a step-level collective good[J]. Public Choice, 2013, 157(1-2):25-39.

[16] Bchir M A. From the lab to the field: An experimental investigation of the provision of a club good[J]. Journal of Behavioral & Experimental Economics, 2014, 51(08.):57-67.

[17] Berglund C, Matti S. Citizen and Consumer: The Dual Role of Individuals in Environmental Policy[J]. Environmental Politics, 2006, 15(4):550-571.

[18] Bernstein P, Kinnaman T C, Wu M. Estimating Willingness to Pay for River Amenities and Safety Measures Associated with Shale Gas Extraction[J]. Eastern Economic Journal, 2013, 39(1):28-44.

[19] Bishop R C, Heberlein T A. Measuring Values of Extramarket Goods: Are Indirect Measures Biased?[J]. American Journal of Agricultural Economics, 1979, 61(5):926-930.

[20] Bockstael N E, Freeman A M, Kopp R J, et al. On measuring economic values for nature[J]. 2000.

[21] Brander J A. The effect of ethical fund portfolio inclusion on executive compensation [J]. Journal of Business Ethics, 2006, 69(4): 317-329.

[22] Brander L M, Florax R J G M, Vermaat J E. The Empirics of Wetland Valuation: A Comprehensive Summary and a Meta-Analysis of the Literature[J]. Environmental & Resource Economics, 2006, 33(2):223-250.

[23] Buchanan J M. An Economic-Theory of Clubs[J]. Economica, 1965, 32(125): 1-14.

[24] Buckley R. Social-benefit certification as a game[J]. Tourism Management, 2013, 37: 203-209.

[25] Bullock G, Ven H. The shadow of the consumer: analyzing the importance of consumers to the uptake and sophistication of ratings, certifications, and eco-Labels[J]. Organization & Environment, 2020, 33(1): 75-95.

[26] Burkhard B, Maes J. Mapping ecosystem services[M]. Sofia: Pensoft Publishers, 2017.

[27] Butkovskyi A, Cirkel G, Bozileva E, et al. Estimation of the water cycle related to shale gas production under high data uncertainties: Dutch perspective[J]. Journal of environmental management, 2019, 231: 483-493.

[28] Cardenas J C, Carpenter J. Behavioural Development Economics: Lessons from Field Labs in the Developing World[J]. Journal of Development Studies, 2008, 44(3):311-338.

[29] Carson R T, Flores N E, Meade N F. Contingent Valuation: Controversies and Evidence[J]. Environmental & Resource Economics, 2001, 19(2):173-210.

[30] Carson R T, Groves T. Incentive and informational properties of preference questions [J]. Environmental & Resource Economics, 2007, 37(1): 181-210.

[31] Chee Y E. An ecological perspective on the valuation of ecosystem services[J]. Biological Conservation, 2004.

[32] Chekima B, Wafa S A W S K, Igau O A, et al. Examining green consumerism

motivational drivers: does premium price and demographics matter to green purchasing?[J]. Journal of Cleaner Production, 2016, 112(01):3436-3450.

[33] Chestnut L G, Dennis R L. Economic Benefits of Improvements in Visibility: Acid Rain Provisions of the 1990 Clean Air Act Amendments[J]. Journal of the Air & Waste Management Association, 1997, 47(3):395-402.

[34] Christie M, Azevedo C D, Testing the Consistency Between Standard Contingent Valuation, Repeated Contingent Valuation and Choice Experiments[J]. Journal of Agricultural Economics, 2009, 60(1), 154-170.

[35] Ciriacy-Wantrup S V. Capital returns from soil-conservation practices[J]. Journal of farm economics, 1947, 29(4): 1181-1196.

[36] Ciriacy-Wantrup S V. Resource conservation economics and policies[M]. Berkeley and Los Angeles: University of California Press, 1952: 395.

[37] Clawson, Marion, Knetsch, Jack L. Economics of Outdoor Recreation[J]. Southern Economic Journal, 1966, 33(104):559-593.

[38] Cooper J, Stamford L, Azapagic A. Shale Gas: A Review of the Economic, Environmental, and Social Sustainability[J]. Energy Technology, 2016, 4(7).

[39] Costa D, Jesus J, Branco D, et al. Extensive review of shale gas environmental impacts from scientific literature (2010—2015) [J]. Environmental ence & Pollution Research, 2017, 24(17):1-16.

[40] Costanza R, D' Arge R, de Groot R S, Farber S, Grasso M, Hannon B, Limburg K, Naeem S, O' Neill R V, Paruelo J, Raskin R G, Sutton P, van den Belt M, The value of world' s ecosystem services and natural capital[J]. Nature, 1997, 387: 253- 260.

[41] Costanza R, Daly H E. Natural capital and sustainable development[J]. Conservation biology, 1992, 6(1): 37-46.

[42] Costanza R, de Groot R, Sutton P, van der Ploeg S, Anderson S J, Kubiszewski I, Farber S, Turner R K. Changes in the global value of ecosystem services[J]. Global Environmental Change, 2014, 26:152-158.

[43] Cotton M, Charnley-Parry I. Beyond opposition and acceptance: examining

public perceptions of the environmental and health impacts of unconventional oil and gas extraction[J]. Current Opinion in Environmental Science & Health, 2018, 3: 8-13.

[44] Dachary-Bernard J, Rambonilaza T. Choice experiment, multiple programmes contingent valuation and landscape preferences: How can we support the land use decision making process? [J]. Land Use Policy, 2012, 29(4):846-854.

[45] Daily G C. Nature's Services: Societal Dependence on Natural Ecosystems[J]. The Bryologist, 1997, 101(3):475.

[46] Datta B, Fraser C D. The company you keep: Qualitative uncertainty in providing a club good[J]. Journal of Public Economic Theory, 2017, 19(4):763-788.

[47] Daugbjerg C, Sønderskov K M. Environmental policy performance revisited: Designing effective policies for green markets[J]. Political Studies, 2012, 60(2): 399-418.

[48] Davis R. The value of outdoor recreation: an economic study of the marine woods[D]. Harvard University, 1963.

[49] De Groot R S, Wilson M A, Boumans R M J. A typology for the classification, description and valuation of ecosystem functions, goods and services[J]. Ecological economics, 2002, 41(3): 393-408.

[50] Demsetz H. The private production of public goods[J]. The Journal of Law and Economics, 1970, 13(2): 293-306.

[51] Dodds R, Holmes M. Is there a Benefit from being Green. Assessing Benefits from Marketing Sustainability by North American Hotels[J]. J. Hotel Bus. Manag, 2016, 5: 145.

[52] Dong D, Wang Y, Li X, et al. Breakthrough and prospect of shale gas exploration and development in China[J]. Natural Gas Industry B, 2016.

[53] Dunk R M, Gillespie S A, Macleod D. Participation and retention in a green tourism certification scheme [J]. J Sustain Tour, 2016, 24(12): 1585-603.

[54] Eden S. Business, trust and environmental information: Perceptions from consumers and retailers[J]. Business Strategy and the Environment, 2010, 3(4):1-8.

[55] Egan K J, Herriges J A, Kling C L, Downing J A. Valuing water quality as a function of water quality measures[J]. American Journal of Agricultural Economics,

2009, 91(1), 106-123.

[56] Ehmke M D, Shogren J F. Experimental methods for environment and development economics[J]. Environment & Development Economics, 2008, 14(04):419-456.

[57] Ehrlich P, Ehrlich A. Extinction: the causes and consequences of the disappearance of species[R]. New York: Random House, 1981.

[58] Engel S, Pagiola S, Wunder S. Designing payments for environmental services in theory and practice: An overview of the issues[J]. Ecological economics, 2008, 65(4): 663-674.

[59] Esparon M, Gyuris E, Stoeckl N. Does ECO certification deliver benefits? An empirical investigation of visitors' perceptions of the importance of ECO certification's attributes and of operators' performance[J]. Journal of Sustainable Tourism, 2014, 22(1):148-169.

[60] Estrada J M, Bhamidimarri R. A review of the issues and treatment options for wastewater from shale gas extraction by hydraulic fracturing[J]. Fuel, 2016, 182(10):292-303.

[61] Farrell K N, Beer D L. Producing the ecological economy: A study in developing fiduciary principles supporting the application of flow-fund consistent investment criteria for sovereign wealth funds[J]. Ecological Economics, 2019, 165:106391.

[62] Fezzi C, Bateman I, Askew T, et al. Valuing Provisioning Ecosystem Services in Agriculture: The Impact of Climate Change on Food Production in the United Kingdom [J]. Environmental & Resource Economics, 2014, 57(2): 197-214.

[63] Fiebig D G, Keane M P, Louviere J, et al., "The Generalized Multinomial Logit Model: Accounting for Scale and Coefficient Heterogeneity", Marketing Science, 2010, 29(3), 393-421.

[64] Font X, Harris C. Rethinking standards from green to sustainable[J]. Annals of tourism Research, 2004, 31(4): 986-1007.

[65] Frank Y. A New Era of Food Transparency Powered by Blockchain[J].

Innovations: Technology, Governance, Globalization, 2018, 12(1-2):46-56.

[66] Frey B S, Stutzer A. Environmental Morale and Motivation[C].Zurich: CREMA Working Paper Series, 2006.

[67] Garrod G, Willis K G. Economic valuation of the environment[M]. Chelthenham, UK: Edward Elgar, 1999.

[68] Gómez-Baggethun E, De Groot R, Lomas P L, et al. The history of ecosystem services in economic theory and practice: from early notions to markets and payment schemes[J]. Ecological economics, 2010, 69(6): 1209-1218.

[69] Güney O İ, Sangün L. Analysis of consumption behaviour and consumer profile for table eggs: a pilot study for egg consumers in Turkey[C]. Alanya, Turkey: PROCEEDINGS BOOK, 2019: 117.

[70] Guo Y, Zhang X, Wang Q, et al. Temporal changes in vegetation around a shale gas development area in a subtropical karst region in southwestern China[J]. Science of The Total Environment, 2020, 701: 134769.

[71] Haeckel E. La evolución y el trasformismo[M]. Imprenta Rollo, 1886.

[72] Haines-Young R, Potschin M. The links between biodiversity, ecosystem services and human well-being[J]. Ecosystem Ecology: a new synthesis, 2010, 1: 110-139.

[73] Hall J. Environmental supply chain dynamics[J]. Journal of cleaner production, 2000, 8(6): 455-471.

[74] Han H, Hsu L T J, Lee J S. Empirical investigation of the roles of attitudes toward green behaviors, overall image, gender, and age in hotel customers' eco-friendly decision-making process[J]. International journal of hospitality management, 2009, 28(4): 519-528.

[75] Hanemann M, Kanninen B. The Statistical Analysis of Discrete-Response CV Data[A]. In: Bateman I J, Willis K G eds. Valuing environmental preferences: theory and practice of the contingent valuation method in the US, EU, and developing countries [C]. New York: Oxford University Press, 2001, 302-441.

[76] Hanemann M, Loomis J, Kanninen B. Statistical efficiency of double-bounded dichotomous choice contingent valuation[J]. American journal of agricultural

economics, 1991, 73(4): 1255-1263.

[77] Hanemann W M. Welfare Evaluations in Contingent Valuation Experiments with Discrete Responses[J]. American Journal of Agricultural Economics, 1984, 66(3):103-118.

[78] Hanley N, MacMillan D, Wright R E, et al. Contingent valuation versus choice experiments: estimating the benefits of environmentally sensitive areas in Scotland[J]. Journal of agricultural economics, 1998, 49(1): 1-15.

[79] Hanley N, Wright R E, Adamowicz V. Using Choice Experiments to Value the Environment[J]. Environmental & Resource Economics, 1998, 11(3-4):413-428.

[80] Hansz J A, Hayunga D K. Club Good Influence on Residential Transaction Prices[J]. Journal of Real Estate Research, 2012, 34.

[81] He K, Zhang J, Zeng Y, et al. Households' willingness to accept compensation for agricultural waste recycling: taking biogas production from livestock manure waste in Hubei, PR China as an example[J]. Journal of Cleaner Production, 2016, 131: 410-420.

[82] Heal G M, Barbier E B, Boyle K J, Covich A P, Gloss S P, Hershner C H, Shrader-Frechette K. Valuing ecosystem services: toward better environmental decision-making[M]. Washington, DC: The National Academies Press, 2005.

[83] Hensher D A, Greene W H. The mixed logit model: the state of practice[J]. Transportation, 2003, 30(2): 133-176.

[84] Horton B, Colarullo G, Bateman I J, et al. Evaluating non-user willingness to pay for a large-scale conservation programme in Amazonia: a UK/Italian contingent valuation study[J]. Environmental Conservation, 2003: 139-146.

[85] Hoyos D. The state of the art of environmental valuation with discrete choice experiments[J]. Ecological Economics, 2010, 69(8):1595-1603.

[86] Hu D, Xu S. Opportunity, challenges and policy choices for China on the development of shale gas[J]. Energy Policy, 2013, 60, 21-26.

[87] Hu D. Exploration and practice of water pollution control during development and construction of fuling shale gas field[J]. Industrial Water & Wastewater, 2017, 48(4), 39-43.

[88] Huckle S, Bhattacharya R, White M, et al. Internet of Things, Blockchain and Shared Economy Applications[J]. Procedia Computer ence, 2016, 98:461-466.

[89] Hull R, Batra V S, Chen Y M, et al. Towards a shared ledger business collaboration language based on data-aware processes[C]. International Conference on Service-Oriented Computing. Springer, Cham, 2016: 18-36.

[90] Janssen M, Hamm U. Product labelling in the market for organic food: Consumer preferences and willingness-to-pay for different organic certification logos[J]. Food Quality & Preference, 2012, 25(1):9-22.

[91] Jenner S, Lamadrid A J. Shale gas vs. coal: Policy implications from environmental impact comparisons of shale gas, conventional gas, and coal on air, water, and land in the United States[J]. Energy Policy, 2013, 53(02):442-453.

[92] Jia A. Progress and prospects of natural gas development technologies in China[J]. Natural Gas Industry B, 2018, 5(6):547-557.

[93] Johnston R J, Duke J M. Willingness to pay for agricultural land preservation and policy process attributes: Does the method matter?[J]. American Journal of Agricultural Economics, 2007, 89(4): 1098-1115.

[94] Johnston R J, Holland B M, Yao L. Individualized geocoding in stated preference questionnaires: implications for survey design and welfare estimation[J]. Land Economics, 2016, 92(4): 737-759.

[95] Johnston R J, Rolfe J, Rosenberger R S, et al. Benefit Transfer of Environmental and Resource Values[M]. Berlin: Netherlands: Springer, 2015: 3-17.

[96] Johnston R J, Rosenberger R S. Methods, Trends and Controversies in Contemporary Benefit Transfer[J]. Journal of Economic Surveys, 2010, 24(3):479-510.

[97] Kallas Z, Gómez - Limón J A, Hurlé J B. Decomposing the value of agricultural multifunctionality: combining contingent valuation and the analytical hierarchy process[J]. Journal of Agricultural Economics, 2007, 58(2): 218-241.

[98] Kamei K. From locality to continent: A comment on the generalization of an experimental study[J]. The Journal of Socio-Economics, 2012, 41(2):207-210.

[99] Karapataki C. Techno-economic analysis of water management options for

unconventional natural gas developments in the Marcellus Shale[D]. Massachusetts Institute of Technology, 2012.

[100] Karipidis P I, Tsakiridou E, Tabakis N M, Mattas K. Hedonic analysis of retail egg prices[J]. Journal of Food Distribution Research, 2005, 36: 68-73.

[101] Karlsson L, Dolnicar S. Does eco certification sell tourism services? Evidence from a quasi-experimental observation study in Iceland[J]. Journal of Sustainable Tourism, 2016, 24(5): 694-714.

[102] Kaul S, Boyle K J, Kuminoff N V, et al. What can we learn from benefit transfer errors? Evidence from 20 years of research on convergent validity[J]. Journal of Environmental Economics & Management, 2013, 66(1):90-104.

[103] Kealy M J, Turner R W. A Test of the Equality of Closed-Ended and Open-Ended Contingent Valuations[J]. American Journal of Agricultural Economics, 1993, 75(2): 321-331.

[104] Keohane N, Petsonk A, Hanafi A. Toward a club of carbon markets[J]. Climatic Change, 2017, 144(1): 81-95.

[105] Khan S N, Mohsin M. The power of emotional value: Exploring the effects of values on green product consumer choice behavior[J]. Journal of Cleaner Production, 2017, 150: 65-74.

[106] Kinnaman T C. The economic impact of shale gas extraction: A review of existing studies[J]. Ecological Economics, 2011, 70(7): 1243-1249.

[107] Koetse M J, Brouwer R, Van Beukering P J H. Economic valuation methods for ecosystem services[J]. Ecosystem services: From concept to practice, 2015: 108-131.

[108] Kosenius A K. Heterogeneous Preferences for water quality attributes: The Case of eutrophication in the Gulf of Finland, the Baltic Sea[J]. Ecological Economics, 2010, 69(3): 528-538.

[109] Krupnick A, Gordon H, Olmstead S. Pathways to Dialogue: What the Experts Say about the Environmental Risks of Shale Gas Development [M]. Washington, DC: Resources for the Future, 2013.

[110] Landellmills, Natasha, Porras, Ina T. Silver bullet or fools' gold?[M].

London: International Institute of Environment & Development, 2002.

[111] Lee J S, Hsu L T, Han H, et al. Understanding how consumers view green hotels: how a hotel's green image can influence behavioural intentions[J]. Journal of Sustainable Tourism, 2010, 18(7):901-914.

[112] Lehtonen E, Kuuluvainen J, Pouta E, et al. Non-market benefits of forest conservation in southern Finland[J]. Environmental ence & Policy, 2003, 6(3):195-204.

[113] Lele S, Wilshusen P, Brockington D, et al. Beyond exclusion: alternative approaches to biodiversity conservation in the developing tropics[J]. Current Opinion in Environmental Sustainability, 2010, 2(1-2): 94-100.

[114] Liang R D. Predicting intentions to purchase organic food: the moderating effects of organic food prices[J]. British food journal, 2016, 18(1): 183-199.

[115] Loertscher S, Marx L M. Club good intermediaries[J]. International Journal of Industrial Organization, 2017, 50: 430-459.

[116] Loomis J B. The Evolution of a More Rigious Approach to Benefit Transfer - Benenfit Function Transfer [J]. Water Resources Research, 1992, 28(3): 701-705.

[117] Lv M, Zhang Y, Wang F, et al. Non-food renewable and bioactive forest products for pest management: Valuation of agricultural properties of podophyllotoxin analogs derived from Podophyllum hexandrum as botanical pesticides[J]. Industrial Crops and Products, 2020, 153: 112608.

[118] MA (Millennium Ecosystem Assessment). Ecosystems and human Well-being[M]. Washington, DC: Island Press, 2005.

[119] MA (Millennium Ecosystem Assessment). Ecosystems and Human Well-being: A Framework for Assessment[J]. Physics Teacher, 2003, 34(9):534-534.

[120] Mahieu P A, Riera P, Giergiczny M. Determinants of willingness-to-pay for water pollution abatement: A point and interval data payment card application[J]. Journal of Environmental Management, 2012, 108: 49-53.

[121] Margaryan L, Stensland S. Sustainable by nature? The case of (non) adoption of eco-certification among the nature-based tourism companies in Scandinavia[J]. Journal of Cleaner Production, 2017, 162: 559-567.

[122] Marmolo E. A constitutional theory of public goods[J]. Journal of Economic Behavior & Organization, 1999, 38(1): 27-42.

[123] Matutano J C. The effects of Community-Based Tourism on socio-cultural values: The case study of Namibia[M]. AV Akademikerverlag, 2012.

[124] McEachern M G, Warnaby G. Exploring the relationship between consumer knowledge and purchase behaviour of value - based labels[J]. International Journal of Consumer Studies, 2008, 32(5): 414-426.

[125] McNeely J A, Miller K R, Reid W V, et al. Conserving the world's biological diversity[M]. Gland, Switzerland: International Union for conservation of nature and natural resources, 1990.

[126] Mearns R. Community, collective action and common grazing: the case of post-socialist Mongolia[J]. The Journal of Development Studies, 1996, 32(3): 297-339.

[127] Mei X, Wang Z, Zhang S, Xiong D, Zhang C, Min H. Main environmental risk analysis and countermeasure for shale gas mining in fuling[J]. Environmental Science & Management, 2017, 18(6), 7-12.

[128] Meng Q. The impacts of fracking on the environment: A total environmental study paradigm[J]. Science of the Total Environment, 2017, 580: 953-957.

[129] Merli R, Preziosi M, Acampora A, et al. The impact of green practices in coastal tourism: An empirical investigation on an eco-labelled beach club[J]. International Journal of Hospitality Management, 2019, 77: 471-482.

[130] Metcalfe P J, Baker W, Andrews K, et al. An assessment of the nonmarket benefits of the Water Framework Directive for households in England and Wales[J]. Water Resources Research, 2012, 48(3).

[131] Mitchell R C, Carson R T, Carson R T. Using surveys to value public goods: the contingent valuation method[M]. Resources for the Future, 1989.

[132] Morrison M, Bennett J. Valuing New South Wales rivers for use in benefit transfer[J]. Australian Journal of Agricultural & Resource Economics, 2004, 48(4):591-611.

[133] Morse-Jones S, Bateman I J, Kontoleon A, et al. Stated preferences for tropical wildlife conservation amongst distant beneficiaries: Charisma, endemism,

scope and substitution effects[J]. Ecological Economics, 2012, 78(Jun.):9-18.

[134] Mzembe A N, Lindgreen A, Idemudia U, et al. A club perspective of sustainability certification schemes in the tourism and hospitality industry[J]. Journal of Sustainable Tourism, 2020, 28(9): 1332-1350.

[135] Nath B. NGOs for the Conservation of Africa' s Wildlife and Their Habitats[J]. Environmental Education and Awareness-Volume II, 2009: 287.

[136] Nath K. Eco-clubs: A Scheme for Participation of Schoolchildren in Environmental Conservation[J]. Environmental Conservation, 1994, 21(1): 69-70.

[137] Padel S, Foster C. Exploring the gap between attitudes and behaviour: Understanding why consumers buy or do not buy organic food[J]. British Food Journal, 2005, 107(8), 643-653.

[138] Pagiola S, Arcenas A, Platais G. Can payments for environmental services help reduce poverty? An exploration of the issues and the evidence to date from Latin America[J]. World development, 2005, 33(2): 237-253.

[139] Pawson S, D'Arcy P, Richardson S. The value of community-based tourism in Banteay Chhmar, Cambodia[J]. Tourism Geographies, 2017, 19: 378-397.

[140] Pearce D W, Moran, D. The economic value of biodiversity[M]. UK: Earthscan, 1994.

[141] Peattie K. Environmental marketing management: Meeting the green challenge[M]. London: Pitman Publishing, 1995.

[142] Platje J, Kampen R. Climate justice from a club good perspective. International Journal of Climate Change Strategies and Management [J], 2016, 8: 520-538.

[143] Potoski M, Prakash A. A club theory approach to voluntary programs[J]. Voluntary programs: A club theory perspective, 2009, 17: 20.

[144] Potosky M, Prakash A. Green Clubs: Collective Action and Voluntary Environmental Programs[J]. Annual Review of Political Science, 2013, 16: 399-419.

[145] Potschin M, Haines-Young R. Defining and measuring ecosystem services[A].In Potschin, M., Haines-Young, R., Fish, R., Turner, RK (Eds.), Routledge Handbook of Ecosystem Services. London and New York: Routledge, 2016: 25-44.

[146] Prayaga P, Rolfe J, Sinden J. A travel cost analysis of the value of special events: Gemfest in Central Queensland[J]. Tourism Economics, 2006, 12(3):403-420.

[147] Prpich G, Coulon F, Anthony E J. Review of the scientific evidence to support environmental risk assessment of shale gas development in the UK[J]. Science of The Total Environment, 2016, 563: 731-740.

[148] Ready R C, Dubourg W R. How Do Respondents with Uncertain Willingness to Pay Answer Contingent Valuation Questions? [J]. Land Economics, 2001, 77(3), 315-326.

[149] Ready R C, Hu D. Differences between Continuous and Discrete Contingent Value Estimates[J]. Land Economics, 1996, 72(3), 397-411.

[150] Reczkova L, Sulaiman J, Bahari Z. Some issues of consumer preferences for eco-labeled fish to promote sustainable marine capture fisheries in peninsular Malaysia[J]. Procedia-Social and Behavioral Sciences, 2013, 91: 497-504.

[151] Rizzi L I, Maza C D L, Cifuentes L A, et al. Valuing air quality impacts using stated choice analysis: trading off visibility against morbidity effects[J]. Journal of Environmental Management, 2014, 146, 470-480.

[152] Roca E, Villares M. Public perceptions for evaluating beach quality in urban and semi-natural environments[J]. Ocean & Coastal Management, 2008, 51: 314-329.

[153] Rose J M, Bliemer M C. Constructing efficient stated choice experimental designs[J]. Transport Reviews, 2009, 29(5), 587-617.

[154] Rosenberger R S, Stanley T D. Measurement, generalization, and publication: Sources of error in benefit transfers and their management[J]. Ecological Economics, 2006, 60(2): 372-378.

[155] Rowe R D, Schulze W D, Breffle W S. A test for payment card biases[J]. Journal of environmental Economics and management, 1996, 31(2): 178-185.

[156] Ryan M, Watson V. Comparing welfare estimates from payment card contingent valuation and discrete choice experiments[J]. Health Economics, 2010, 18.

[157] Salafsky N. Linking Livelihoods and Conservation: A Conceptual Framework and Scale for Assessing the Integration of Human Needs and

Biodiversity[J]. World Development, 2000, 28.

[158] Samuelson P A. The Pure Theory of Public Expenditure[J]. Review of Economics & Stats, 1954, 36(4):387-389.

[159] Sandler T, Tschirhart J. Club theory: Thirty years later[J]. Public choice, 1997, 93(3-4): 335-355.

[160] Scarpa R, Rose J M. Design efficiency for non - market valuation with choice modelling: how to measure it, what to report and why[J]. Australian journal of agricultural and resource economics, 2008, 52(3): 253-282.

[161] Scarpa R, Thiene M, Train K. Utility in Willingness to Pay Space: A Tool to Address Confounding Random Scale Effects in Destination Choice to the Alps[J], American Journal of Agricultural Economics, 2008, 90(4), 994-1010.

[162] Semeoshenkova V, Newton A. Overview of erosion and beach quality issues in three Southern European countries: Portugal, Spain and Italy[J]. Ocean & Coastal Management, 2015, 118: 12-21.

[163] Slutz J A, Anderson J A, Broderick R, et al. Key shale gas water management strategies: an economic assessment[C]. International Conference on Health, Safety and Environment in Oil and Gas Exploration and Production. Society of Petroleum Engineers, 2012.

[164] Stamford L, Azapagic A. Life cycle environmental impacts of UK shale gas[J]. Applied Energy, 2014, 134, 506-518.

[165] Stewart R B, Oppenheimer M, Rudyk B. A new strategy for global climate protection[J]. Climatic Change, 2013, 120: 1-12.

[166] Sun C, Yuan X, Yao X. Social acceptance towards the air pollution in China: Evidence from public's willingness to pay for smog mitigation[J]. Energy Policy, 2016, 92: 313-324.

[167] Swope K. An experimental investigation of excludable public goods[J]. Experimental Economics, 2002, 5: 209-222.

[168] TEEB. The Economics of Ecosystems and Biodiversity for National and International Policy Makers-Summary: Responding to the Value of Nature[M].

Earthscan, London: Pushpam Kumar, 2009.

[169] TEEB. The Economics of Ecosystems and Biodiversity: Mainstreaming the Economics of Nature: A synthesis of the approach, conclusions and recommendations of TEEB[M]. Earthscan, London: Pushpam Kumar, 2010.

[170] Teisl M F, Radas S, Roe B. Struggles in optimal labelling: how different consumers react to various labels for genetically modified foods[J]. International Journal of Consumer Studies, 2008, 32(5): 447-456.

[171] Teisl M F, Rubin J, Noblet C L. Non-dirty dancing? Interactions between eco-labels and consumers[J]. Journal of Economic Psychology, 2008, 29(2): 140-159.

[172] Teng C, Horng J, Hu M, et al. Developing energy conservation and carbon reduction indicators for the hotel industry in Taiwan[J]. International Journal of Hospitality Management, 2012, 31: 199-208.

[173] Thøgersen J. Psychological determinants of paying attention to eco-labels in purchase decisions: Model development and multinational validation[J]. Journal of consumer policy, 2000, 23(3): 285-313.

[174] Thomas M, Pidgeon N, Evensen D, et al. Public perceptions of hydraulic fracturing for shale gas and oil in the United States and Canada[J]. Wiley Interdisciplinary Reviews: Climate Change, 2017, 8(3), e450.

[175] Th ф gersen J. The ethical consumer. Moral norms and packaging choice[J]. Journal of consumer policy, 1999, 22(4): 439-460.

[176] Train K E. Discrete choice methods with simulation[M]. Cambridge, United Kingdom: Cambridge university press, 2009.

[177] Vengosh A, Jackson R B, Warner N, et al. A critical review of the risks to water resources from unconventional shale gas development and hydraulic fracturing in the United States. [J]. Environmental ence & Technology, 2014, 48(15):8334-8348.

[178] Venkatachalam L. The contingent valuation method: a review[J]. Environmental Impact Assessment Review, 2004, 24(1): 89-124.

[179] Vidic R D, Brantley S L, Vandenbossche J M, et al. Impact of Shale Gas Development on Regional Water Quality[J]. Science, 2013, 340(6134):1235009.

[180] Wang F, Zhang J, Mu W, et al. Consumers' perception toward quality and safety of fishery products, Beijing, China[J]. Food Control, 2009, 20(10): 918-922.

[181] Wang H, He J, Kim Y, et al. Willingness-to-pay for water quality improvements in Chinese rivers: An empirical test on the ordering effects of multiple-bounded discrete choices[J]. Journal of environmental management, 2013, 131: 256-269.

[182] Wei X, Chen X, Gao Z, et al. The Reference Price Effect on Willingness-to-Pay Estimates: Evidence from Eco-labeled Food Products[C]. Kansas City: 2020 Agricultural & Applied Economics Association, 2020.

[183] Welsh M P, Poe G L. Elicitation Effects in Contingent Valuation: Comparisons to a Multiple Bounded Discrete Choice Approach[J]. Journal of Environmental Economics & Management, 1998, 36(2): 170-185.

[184] Whitehead J C. A practitioner's primer on contingent valuation. Handbook on Contingent Valuation[M]. Cheltenham, UK: Edward Elgar, 2006, 92-115.

[185] Wunder S, Campbell B, Frost P G H, et al. When donors get cold feet: the community conservation concession in Setulang (Kalimantan, Indonesia) that never happened[J]. Ecology and Society, 2008, 13(1).

[186] Wunder S, Engel S, Pagiola S. Taking stock: A comparative analysis of payments for environmental services programs in developed and developing countries[J]. Ecological Economics, 2008, 65(4):834-852.

[187] Wunder. Payment for Environment Services: Some Nuts and Bolts[M]. Jakarta: CIFOR, 2005, 1-4.

[188] Xu X, Gursory D. Influence of sustainable hospitality supply chain management on customers' attitudes and behaviors[J]. International Journal of Hospitality Management, 2015, 49: 105-116.

[189] Yang H, Huang X, Yang Q, et al. Water Requirements for Shale Gas Fracking in Fuling, Chongqing, Southwest China[J]. Energy Procedia, 2015, 76:106-112.

[190] Yoo S H, Kwak S J, Lee J S. Using a choice experiment to measure the environmental costs of air pollution impacts in Seoul[J]. Journal of Environmental Management, 2008, 86(1), 308-318.

[191] Yusof, Nor'Aini, Rahman S, Iranmanesh M. The environmental practice of resorts and tourist loyalty: the role of environmental knowledge, concern, and behaviour[J]. Anatolia, 2016:1-13.

[192] Zhao J, Liu Q, Lin L, et al. Assessing the comprehensive restoration of an urban river: An integrated application of contingent valuation in Shanghai, China[J]. Science of the total environment, 2013, 458: 517-526.

[193] Zielinski S, Botero C. Are eco-labels sustainable? Beach certification schemes in Latin America and the Caribbean[J]. Journal of Sustainable Tourism, 2015, 23(10):1550-1572.

[194] Zoback M D, Arent D J. The opportunities and challenges of sustainable shale gas development[J]. Elements, 2014, 10(4):251-253.

[195] 保建云. 跨国公共产品与跨国俱乐部产品有效供给的经济学分析[J]. 经济评论, 2007(6): 146-151.

[196] 毕建培,刘晨,林小艳.国内水流生态保护补偿实践及存在的问题[J].水资源保护,2019,35(5): 114-119.

[197] 蔡岚. 空气污染治理中的政府间关系——以美国加利福尼亚州为例[J]. 中国行政管理, 2013(10): 96-100.

[198] 曾贤刚, 虞慧怡, 谢芳. 生态产品的概念、分类及其市场化供给机制[J]. 中国人口·资源与环境, 2014, 24(7): 12-17.

[199] 陈辞. 生态产品的供给机制与制度创新研究 [J]. 生态经济, 2014, 30(8): 76-79.

[200] 陈光炬. "两山"转化：生态产品价值实现的内在逻辑[N]. 中国社会科学报,2020-06-30(11).

[201] 陈国庆, 王叙果. 公共产品纯度:公共产品市场建设的理论基础[J]. 财贸经济, 2007(10): 71-75.

[202] 陈清硕.绿色产品计划:技术生态的应用[J].科学与科学技术管理, 1994(1): 5-7.

[203] 陈祖海. 西部生态补偿机制研究[M], 民族出版社, 2008: 174.

[204] 崔春晓, 宣亚南. 影响消费者对生态标识食品购买行为的因素分

析——基于南京市鸡蛋消费的调查[J]. 生态经济(中文版), 2007, 2007(010): 38-41.

[205] 丁宪浩. 论生态生产的效益和组织及其生态产品的价值和交换[J]. 农业现代化研究, 2010, 31(006): 692-696.

[206] 董军. 用系统思维推进大气污染防治——陕西省西安市“治污减霾·保卫蓝天”行动的实践与思考[N]. 人民日报, 20158-21(7).

[207] 范振林. 生态产品价值实现的机制与模式[J]. 中国土地, 2020(03): 35-38.

[208] 房引宁, 蒋丹璐, 赵敏娟. 流域治理的PPP政策满意度及其影响因素分析[J]. 当代经济科学, 2017, 39(3): 102-107.

[209] 冯晓龙,刘明月,张崇尚,仇焕广. 深度贫困地区经济发展与生态环境治理如何协调——来自社区生态服务型经济的实践证据[J]. 农业经济问题,2019(12): 4-14.

[210] 傅勇. 中国的分权为何不同:一个考虑政治激励与财政激励的分析框架[J]. 世界经济, 2008(11): 16-25.

[211] 高建中. 森林生态产品价值补偿研究[D]. 西北农林科技大学, 2005.

[212] 葛剑平,孙晓鹏.生态服务型经济的理论与实践[J]. 新疆师范大学学报(哲学社会科学版), 2012, 33(4): 7-15, 118.

[213] 谷树忠, 李维明. 关于构建国家水安全保障体系的总体构想[J]. 中国水利, 2015, 9: 3-5.

[214] 郝吉明. 穿越风雨 任重道远——大气污染防治40年回顾与展望 [J]. 环境保护, 2013, 41(14): 28-31.

[215] 何大安. 互联网应用扩张与微观经济学基础——基于未来“数据与数据对话”的理论解说[J]. 经济研究, 2018, 53(8): 177-192.

[216] 何德华, 史中欣. 食品质量安全可追溯系统研究与应用综述[J]. 中国农业科技导报, 2019, 21(4): 123-132.

[217] 和莹. 公共池塘资源管理的制度分析——以水资源管理为例[D]. 西北大学, 2007.

[218] 胡王云, 张海滨. 国外学术界关于气候俱乐部的研究述评[J]. 中国地质大学学报(社会科学版), 2018, 18(3): 10-25.

[219] 黄春蕾. 我国生态环境合作治理路径探析——三江源措池村“协议保

护”的经验与启示[J]. 地方财政研究, 2011, 10: 54-60.

[220] 黄德生. 大气能见度价值评估方法与实证研究[D]. 北京大学, 2013.

[221] 黄如良. 生态产品价值评估问题探讨[J]. 中国人口・资源与环境. 2015, 25(3): 26-33.

[222] 霍艳斌. 长三角大气污染物排污权交易一体化研究 [J]. 生态经济, 2012(12): 181-184, 188.

[223] 贾绍凤, 张军岩, 张士锋. 区域水资源压力指数与水资源安全评价指标体系[J]. 地理科学进展, 2002, 6: 23-30.

[224] 蒋凡, 秦涛, 田治威. 生态脆弱地区生态产品价值实现研究——以三江源生态补偿为例[J]. 青海社会科学, 2020, 2: 99-104.

[225] 蒋忠诚,袁道先. 表层岩溶带的岩溶动力学特征及其环境和资源意义[J]. 地球学报, 1999(03): 3-5.

[226] 孔璎红, 苏悦娟, 孔祥军. 中国生态原产地产品保护制度概览[J]. 国土绿化, 2016(3): 52-53.

[227] 赖泽栋, 杨建州. 非物质文化遗产保护与开发的行为主体创新研究——基于社会企业角度[J]. 学术论坛, 2012, 35(4): 171-175.

[228] 雷玉琼, 胡文期. 刍议混合产权制度———种公共池塘资源治理的视角[J]. 中国行政管理, 2009, 10: 94-97.

[229] 雷玉琼, 胡文期. 公有产权的体制性排他与混合产权界定: 基于公共池塘资源治理视角[J]. 改革, 2009, 10: 131-135.

[230] 李繁荣, 戎爱萍. 生态产品供给的PPP模式研究[J]. 经济问题, 2016, 12: 11-16.

[231] 李琳, 林慧龙, 高雅. 三江源草原生态系统生态服务价值的能值评价[J]. 草业学报, 2016, 6: 34-41.

[232] 李维安, 李勇建, 石丹. 供应链治理理论研究:概念、内涵与规范性分析框架[J]. 南开管理评论, 2016, 19(01): 6-17, 44.

[233] 李晓, 刘正刚. 基于区块链技术的供应链智能治理机制[J]. 中国流通经济, 2017(11): 34-44.

[234] 李怡洁, 林竞雨, 马骥. 北京市城镇居民品牌鸡蛋消费的影响因素分析

[J]. 中国食物与营养, 2012, 18(3): 43-45.

[235] 刘桂环, 王夏晖, 田仁生. 生态环境补偿：方法与实践[M]. 中国环境出版社, 2017.

[236] 刘桂环, 王夏晖, 文一惠, 朱媛媛, 谢婧. 以生态补偿助推新时期流域上下游高质量发展[J]. 环境保护, 2019, 47(21): 11-15.

[237] 刘欢, 席鹏辉. 中国存在环境移民吗?——来自空气质量指数测算改革的自然实验[J]. 经济学动态, 2019(12): 38-54.

[238] 刘佳丽, 谢地. 西方公共产品理论回顾、反思与前瞻——兼论我国公共产品民营化与政府监管改革[J]. 河北经贸大学学报, 2015, 36(05): 11-17.

[239] 刘琨天, 李昊, 邓晶, 等. 生态公益林保险产品定价研究——以北京市为例[J]. 价格理论与实践, 2018, 5: 103-106.

[240] 刘敏超, 李迪强, 栾晓峰, 等. 三江源地区生态系统服务功能与价值评估[J]. 植物资源与环境学报, 2005(01): 40-43.

[241] 刘澍. 物联网统一编码:为现代生态农业保驾护航——Ecode农产品防伪追溯编码应用[J]. 中国自动识别技术, 2014, 02: 49-50.

[242] 刘伟, 张逸君. 社区环保项目路径探析——中国“协议保护”项目的示范意义[J]. 林业经济, 2011, 2: 74-77.

[243] 刘卫华, 孙爱真. 西南地区私人生态产品市场的运作研究[J]. 铜仁学院学报, 2016, 1: 160-164.

[244] 刘亚萍, 廖蓓, 金建湘. 广西巴马盘阳河沿岸长寿资源的游憩价值评价——基于修正的区域旅行费用法[J]. 资源科学, 2012, 34(5): 964-972.

[245] 柳婉郁. 最适造林奖励金之研究[D]. 国立台湾大学, 2004.

[246] 罗知, 李浩然. “大气十条”政策的实施对空气质量的影响[J]. 中国工业经济, 2018(9): 136-154.

[247] 马涛. 依靠市场机制推动生态产品生产[N]. 中国证券报, 2012:11-28(A04).

[248] 孟奎. 经济学三大价值理论的比较[J]. 经济纵横, 2013(04): 14-21.

[249] 牟永福. 政府购买生态服务的合作模式——基于京津冀协同发展的视角[J]. 领导之友, 2017(21): 50-56.

[250] 彭飞. 强互惠视角下的生态产品供给研究[D].兰州大学, 2015.

[251] 乔世明. 少数民族地区生态自治立法研究[M]. 中央民族大学出版社, 2014.

[252] 秦昌波, 苏洁琼, 容冰, 杨丽阁. 我国水资源安全面临的挑战与应对策略研究[J]. 环境保护, 2019, 47(10): 46-48.

[253] 秦昊扬. 生态治理中的非政府组织功能分析[J]. 理论月刊, 2009(04): 83-85.

[254] 秦天宝, 郭明磊. 北美自由贸易区和欧盟的区域性环境政策浅析[J]. 上海环境科学, 2000, 019(2): 56-58.

[255] 秦颖, 曾贤刚, 许志华. 基于PPP模式推动生态产品供给侧改革[J]. 干旱区资源与环境, 2018, 32(4): 7-12.

[256] 丘水林. 政府购买生态服务:欧盟国家的经验与启示[J]. 环境保护, 2018, 46(24): 32-36.

[257] 邱耕田. 生态生产:一种重要的生产形式[J]. 环境导报, 1995(01): 1-3, 45.

[258] 曲福田, 冯淑怡. 中国水资源管理制度研究[J]. 南京农业大学学报:社会科学版, 2001(2):35-41.

[259] 任恒. 公共池塘资源治理过程中的政府角色探讨——基于埃莉诺・奥斯特罗姆自主治理理论的分析[J]. 中共福建省委党校学报, 2017, 11: 66-71.

[260] 任暟. 环境生产力论:马克思“自然生产力”思想的当代拓展[J]. 马克思主义与现实, 2013, 02: 76-83.

[261] 任耀武, 袁国宝. 初论“生态产品”[J]. 生态学杂志, 1992(06): 50-52.

[262] 尚杰, 吉雪强. 区块链应用下生态农产品供应链优化[J]. 华南农业大学学报(社会科学版), 2020, 19(04): 67-75.

[263] 申亮. 基于委托代理理论的绿色产品定价问题研究[J]. 财贸经济, 2008, 05: 112-115.

[264] 宋言奇. 国外生态环境保护中社区“自组织”的发展态势[J]. 国外社会科学, 2009, 04: 81-86.

[265] 孙开, 杨晓萌. 流域水环境生态补偿的财政思考与对策[J]. 财政研究,

2009, 9: 29-33.

[266] 孙志. 生态价值的实现路径与机制构建[J]. 中国科学院院刊, 2017, 32(1): 78-84.

[267] 唐娟, 曹富国. 公共服务供给的多元模式分析[J]. 华中师范大学学报:人文社会科学版, 2004, 43(2): 14-20.

[268] 唐潜宁. 生态产品供给制度研究[D]. 西南政法大学, 2017.

[269] 汪伟全. 空气污染的跨域合作治理研究——以北京地区为例[J]. 公共管理学报, 2014(01): 60-69, 145.

[270] 汪小勇, 万玉秋, 姜文, 等. 美国跨界大气环境监管经验对中国的借鉴[J]. 中国人口 · 资源与环境, 2012(03): 122-127.

[271] 汪中华. 中国少数民族地区生态建设与经济发展的耦合研究[M]. 2006.

[272] 王斌. 生态产品价值实现的理论基础与一般途径[J]. 2019, 太平洋学报, 27(10).

[273] 王浦劬, 王晓琦. 公共池塘资源自主治理理论的借鉴与验证——以中国森林治理研究与实践为视角[J]. 哈尔滨工业大学学报(社会科学版), 2015(03): 23-32.

[274] 王姝. 涪陵页岩气开发中的环境监管问题研究[D]. 西南政法大学, 2016.

[275] 王玮瑶. 基于环境政策下的空气质量研究[J]. 能源与环保, 2017, 039(4): 126-131.

[276] 王夏晖, 朱媛媛, 文一惠, 谢婧, 刘桂环. 生态产品价值实现的基本模式与创新路径[J]. 环境保护, 2020, 48(14): 14-17.

[277] 王晓民, 李妙然. 生态经济视角下的环境保护非政府组织功能探究[J]. 生态经济, 2014(01): 165-167.

[278] 王羊, 刘金龙, 冯喆, 等. 公共池塘资源可持续管理的理论框架[J]. 自然资源学报, 2012, 027(010): 1797-1807.

[279] 王雨辰. 论生态学马克思主义与我国的生态文明理论研究[J]. 马克思主义研究, 2011(03): 76-82,128.

[280] 王志凌, 谢宝剑, 谢万贞. 构建我国区域间生态补偿机制探讨[J]. 学术论坛, 2007(03): 119-125.

[281] 吴凤平, 章渊, 田贵良. 自然资源产权制度框架下水资源现代化治理逻辑[J]. 南京社会科学, 2015, 338(12): 17-24.

[282] 吴林海, 秦沙沙, 朱淀, 李清光, Wuyang Hu. 可追溯猪肉原产地属性与可追溯信息属性的消费者偏好分析[J]. 中国农村经济, 2015(06): 47-62, 73.

[283] 吴林海, 王淑娴, Wuyang Hu. 消费者对可追溯食品属性的偏好和支付意愿:猪肉的案例[J]. 中国农村经济, 2014(08): 58-75.

[284] 夏良玉. 美国页岩气开发的水污染风险成因、争议及对中国的启示[J]. 中国人口・资源与环境, 2019, 29(06): 31-39.

[285] 向真. 日益兴起的生态标记[J]. 世界研究与开发报导, 1989(05): 105-106.

[286] 谢高地, 鲁春霞, 肖玉等. 青藏高原高寒草地生态系统服务价值评估[J]. 山地学报, 2003(01): 54-59.

[287] 徐大飞. 消费者选择品牌鸡蛋的影响因素研究[D]. 南京农业大学, 2010.

[288] 闫婷, 袁艳红, 武晓琴, 杨东. 基于区块链技术的食品安全溯源平台研究[J]. 数字通信世界, 2020(05): 194.

[289] 杨琛. 国家公园生态旅游价值的实现——以三江源为例[J]. 中国土地, 2020.

[290] 杨筠. 生态公共产品价格构成及其实现机制[J]. 经济体制改革, 2005(03): 124-127.

[291] 杨庆育. 论生态产品[J]. 探索, 2014(03): 54-60.

[292] 杨再, 洪子燕. 黄土高原的种草种树和生态产品转化[J]. 人民黄河, 1986(02): 52-55.

[293] 姚柳杨, 赵敏娟, 徐涛. 耕地保护政策的社会福利分析: 基于选择实验的非市场价值评估[J]. 农业经济问题, 2017, 38(02): 32-40, 1.

[294] 叶林祥, 张尉. 主观空气污染、收入水平与居民幸福感[J]. 财经研究, 2020, 46(01): 126-140.

[295] 于鹏. 多元共治下的民间水资源生态保护补偿: 社会意愿与治理模式[J]. 城市发展研究, 2019, 26(11): 116-124.

[296] 俞海, 任勇. 中国生态补偿: 概念、问题类型与政策路径选择[J]. 中国软科学, 2008(06): 7-15.

[297] 岳德鹏, 于强, 张启斌, 等. 区域生态安全格局优化研究进展[J]. 农业机械学报, 2017(02): 1-10.

[298] 张百灵. 正外部性视野下的环境法律激励问题研究[M]. 北京：知识产权出版社, 2017.

[299] 张成福. 责任政府论[J]. 中国人民大学学报, 2000, 14(02): 75-82.

[300] 张国华. 绿色产品的定价策略[J]. 企业活力, 2003, 12: 64.

[301] 张捷, 王海燕. 社区主导型市场化生态补偿机制研究——基于“制度拼凑”与“资源拼凑”的视角[J]. 公共管理学报, 2020, 17(03): 126-138, 174.

[302] 张金锋, 郭铁女. 澳大利亚、法国水资源管理经验及启示[J]. 人民长江, 2012, 43(7): 89-93.

[303] 张金泉. 论生态资源及其价格决定[J]. 中国物价, 2005, 01: 40-45.

[304] 张克中. 公共治理之道:埃莉诺·奥斯特罗姆理论述评[J]. 政治学研究, 2009, 06: 83-93.

[305] 张林波, 虞慧怡, 李岱青, 贾振宇, 吴丰昌, 刘旭. 生态产品内涵与其价值实现途径[J]. 农业机械学报, 2019, 50(06): 173-183.

[306] 张倩. 构建基于社区的草原管理等级框架:以内蒙古荒漠草原的一个嘎查为例[J]. 学海, 2013(01): 66-74.

[307] 张学睦, 王希宁. 生态标签对绿色产品购买意愿的影响——以消费者感知价值为中介[J]. 生态经济, 2019, 35(01): 63-68.

[308] 张艳丽, 胡小建, 杨海洪. 消费者异质性环保偏好下的绿色产品定价模型[J]. 统计与决策, 2017(06): 40-45.

[309] 张瑶. 生态产品概念、功能和意义及其生产能力增强途径[J]. 沈阳农业大学学报(社会科学版), 2013, 15(06): 741-744.

[310] 章平, 黄傲霜. 城镇公共池塘资源治理:两个制度发育案例的比较分析[J]. 经济与管理评论, 2018, 034(1): 55-67.

[311] 赵士洞, 张永民, 赖鹏飞. 千年生态系统评估报告集[M]. 中国环境科学出版社, 2007.

[312] 赵文霞. 空气污染对中老年人医疗支出的影响——来自CHARLS数据的证据[J]. 人口与经济, 2020(01): 75-88.

[313] 郑湘萍, 何炎龙. 我国生态补偿机制市场化建设面临的问题及对策研究[J]. 广西社会科学, 2020(04): 66-72.

[314] 郑志浩. 城镇消费者对转基因大米的需求研究[J]. 管理世界, 2015(03): 66-75.

[315] 中国生态补偿机制与政策研究课题组. 中国生态补偿机制与政策研究[M]. 科学出版社, 2007.

[316] 周庆行, 吴长冬. 生态责任:政府责任的新思考 [J]. 福州党校学报, 2008(02): 23-26.

[317] 周贤海, 臧艳彬, 陈小锋. 涪陵页岩气田井漏现状与技术对策[J]. 江汉石油职工大学学报, 2015(03): 16-19.

[318] 周一虹, 芦海燕. 基于生态产品价值实现的黄河上游生态补偿机制研究[J]. 商业会计, 2020(06): 4-9.

[319] 朱建华, 张惠远, 郝海广,等. 市场化流域生态补偿机制探索——以贵州省赤水河为例[J]. 环境保护, 2018, 46(24): 28-33.

[320] 朱颖, 倪红伟. 黑龙江省国有林区森林生态服务供给生态效果分析及对策探讨[J]. 安徽农业科学, 2018, 46(01): 118-121, 140.

[321] 邹胜章, 朱明秋, 唐建生,等. 西南岩溶区水资源安全与对策[J]. 地质学报, 2006, 80(10): 1637-1642.